加害者・被害者は変われる

DVはなおせる!

栗原加代美
Kurihara Kayomi
NPO法人ステップ理事長

さくら舎

プロローグ――DVはやめられる

DVと気づいていない当事者たち

「DV」とは英語の「Domestic Violence＝ドメスティックバイオレンス」の略で、一般的には、配偶者《はいぐうしゃ》や恋人など親密な関係にある人からふるわれるさまざまな暴力のこと、簡単にいえば「家庭内暴力」と理解されています。

近年、DV問題がメディアでも取り上げられることが増え、DVへの社会的関心は高まっています。しかし、その実態についてはまだまだ知られていません。

本書を読まれているあなたは、DVという言葉を聞いて、どのようなことを連想しますか？　たとえば、

「なぜやめられないのか。暴力的なのは生まれつき？　それとも病気？」

「逃げればいいのに、なぜ逃げないの？」

このような疑問をお持ちではないでしょうか。

私は、ＤＶの被害者の回復・加害者の変化の双方を支援するＮＰＯ法人「女性・人権支援センターステップ」で、これまでたくさんのＤＶ当事者の方たちが変わるサポートをおこなってきました。その経験から、ＤＶの実態と世間のイメージとのギャップを強く感じています。

たとえば、ＤＶに対する理解を阻《はば》む状況のひとつに、先ほどの、

「やめられない加害者、逃げられない被害者」

という構図があります。普通に考えれば理解しがたい状況は、なぜ起こってしまうのでしょうか。

原因はいくつかありますが、もっとも大きいのは、**加害者のほとんど、そして被害者も少なからず、自分たちがＤＶの当事者だとは気づいていないこと**にあります。

このようにいうと、「そんなバカな」と思う方もいるかもしれません。ですが、これは本当です。

加害者の多くは自分がＤＶをしているなどとは思ってもいません。むしろ、「相手のダメ

なところをなおしてあげている。だから自分は正しいことをしている」と考えています。

一方、被害者のほうも自分がＤＶを受けているとは思っていない、ということがしばしばあります。加害者に「正しいのは自分、間違っているのはあなた」といわれつづけることで、自信をすっかり失い「すべて自分が悪い」と考えるようになってしまいます。

このように加害者も被害者も自分がＤＶの当事者だという認識がないために、「やめる」「逃げる」という発想が起こりにくいのです。

そうした状況下で、ＤＶ被害者がいよいよ家を飛び出すことになるのは、長年の暴力に疲れ果てたあげく発作《ほっさ》的に、ということが少なくありません。

しかも、その時点ではまだ配偶者の行為をＤＶとは思っておらず、警察や行政の相談員の人たちに「それはＤＶですよ」といわれて、初めて「ＤＶ被害者である」ことを自覚するケースも珍しくありません。

このように、ＤＶの加害者も被害者もＤＶの当事者であることに気づかないことで、ＤＶは表面化しにくくなります。

内閣府によると、２０２０年度のＤＶ相談件数の速報値は19万30件で、過去最多となりました。19年度の11万９２７６件から１・６倍に急増しているそうです（内閣府男女共同参画局調べ）。また、警視庁によると、2020年の1年間に全国の警察が把握したDVの被害は8万2643件（前年比0・5％増）にのぼり、17年連続で最多を更新したそうです。

しかし、潜在的《せんざい》なDV加害者・被害者はもっといるはずです。

とくに2020年からの新型コロナウイルス感染症禍《か》では、外出自粛《じしゅく》によって夫婦が接する時間が長くなったことで、家庭内での暴力や暴言の頻度《ひんど》が高くなっています。

ステップへの相談件数も、2020年4月の緊急事態宣言以降、それ以前の3〜4倍と大幅に増えています。ですが、これも「もしかしてDVかもしれない」と気づいて相談をした人たちの数ですから、実際にはもっと多いはず。

これまでのデータでも、**被害女性の約4割、被害男性の約6割がどこにも相談していない**ことがわかっています。

あなたはDVの被害者？　加害者？

ここであなたに質問です。

「夫婦（恋人）関係はうまくいっていますか？　何か変だなと感じることはありませんか？」

このようにうかがうのは、「DV」を「殴《なぐ》る・蹴《け》る」という身体的暴力のことだと思っている人が多いからです。ですが、それはＤＶそのものではありません。

ＤＶとは、力で相手を支配しようとする関係性のことです。暴力は支配するための道具にすぎません。

ですから、「ＤＶは配偶者や恋人などパートナーを殴ったり蹴ったりして身体的な暴力をふるうこと」というバイアスがかかっていると、実際にはＤＶ行為であってもそのことに気づくことができず、見逃してしまいます。

しかし、ＤＶは重大な人権侵害であり、犯罪です。家庭内の出来事であっても、厳しい罰則が規定されています。

たとえば、相手を殴る・蹴るなどの暴行をすれば暴行罪、相手にケガをさせれば傷害罪が成立します。首を絞《し》めたり髪を引っ張って引きずりまわしたり、あるいは、大声で怒鳴《どな》りつけたり生活費を渡さなかったりするような行為も処罰の対象になります。

こうした罰則も、それがＤＶだと発覚しない限り、無力です。そうしたＤＶが暴走すると、２０１３年に女性が元夫に首を切られ重体となった伊勢原《いせはら》ＤＶ殺人未遂事件のように、生死に関わる重大な犯罪に発展しかねません。

ですから、ＤＶを看過《かんか》してそのままにしておいてはいけません。

ＤＶを防止するには、それが「ＤＶである」とまず気づくことが必要です。

もう一度うかがいます。

「あなたとパートナーとは対等な関係ですか？」

本書を手に取られたということは、少なくとも「私たち夫婦の関係は何かがおかしい」と感じているのではないでしょうか。そうであるなら、17ページ〜の「ＤＶチェックリスト」をやってみてください。

チェックリストは被害者用と加害者用とがありますが、いずれも該当する項目がひとつでもあったら、ＤＶの当事者である可能性があります。

日本では既婚女性の４人に１人はＤＶ被害を、結婚前の女性の６人に１人は交際相手からデートＤＶを受けており（令和３年「男女間における暴力に関する調査報告書」内閣府男女共同参画局）、これまで「ＤＶの加害者は男性、被害者は女性」という構図が一般的でした。

しかしここ数年、男性の被害者も増加しており、前述の内閣府の発表によると、男性の５人に１人はＤＶ被害の経験があり、先ほどの警視庁の発表ではこの５年間で男性の被害者は２倍近くに増えているそうです。

とくにコロナ禍では、外出自粛によって在宅勤務となった夫が家事を手伝いもせずゴロゴロしていることに、妻が腹を立ててストレスがたまりＤＶ行為におよぶケースがしばしば見られます。

「加害者は夫、被害者は妻」というバイアスがかかっていると、ここでもＤＶを見逃すことになります。

ただし、女性が加害者の場合、その背景に「隠れＤＶ夫」が潜《ひそ》んでいることがあります。夫がなにかと口うるさくいったり、妻の話を否定するなどして妻をキレさせるのです。

そのように、加害者だと思っていたらじつは被害者だったり、その逆だったりということもあります。男女を問わず、先述した被害者用と加害者用と両方のＤＶチェックリストをやってみることをおすすめします。

（なお、加害者の９割は男性のため、本書では基本的に「加害者は夫、被害者は妻」のスタンスで話をすすめます）

逃げることはＤＶの根本解決にならない

さて、ＤＶの被害者だった場合、どうすればいいでしょうか。

以前は、被害者には「逃げるか、別れるか」の二者択一しかありませんでした。

もちろん、いま精神的に追いつめられていたり、心身に危険がおよぶような状況であれば、まずは逃げてください。家族や友だちなど頼る人のいない場合は、警察や自治体の配偶者暴力相談支援センターなどに相談をしてください。緊急性の高い場合は、被害者の駆け込み寺といわれるシェルター（一時保護施設）を紹介してくれます。

ただ、**逃げるだけでは根本解決にはなりません。再び家に戻れば、同じことがくり返されます**。ならば、どうするか。

加害者がＤＶをしないよう、変わってもらうのです。

「でも、ＤＶはなおらないでしょう？」

そんな声が聞こえてきそうです。

「ＤＶをする人は変わらない」というのが社会の通説のようになっていますが、それは違います。

先にもいいましたが、加害者がＤＶをやめられないのは、自分のやっていることがＤＶだと気づいていないから、あるいは、やめ方がわからないからです。ほとんどの加害者はこういいます。

「それまで自分が加害者だとは思ってもみなかった」

「相手がいい返してこないから自分は正しいと思っていた」

相手は暴力に怯《おび》えていい返せないだけなのに、都合のいい解釈ですが、本人は「自分は正しい」と信じているので、自分がＤＶをしているなどとは夢にも思っていません。

やめる理由がないのです。たとえば、テレビなどでＤＶの映像を見ても「どうしてこんなことをするんだ」と思うだけで、自分のこととは気づきません。

人は、自分の考えや行動が間違っていることを自覚しなければ変われません。自覚して初めて、それをなおそうと努力し、変わることができます。ＤＶ行為であってもそれは同じです。

ＤＶ加害者を変える「ステップ」のプログラム

じつは、ステップの前身は、ＤＶ被害女性を保護するシェルターを運営する団体でした。

私は保護活動を通して被害女性たちと向き合っていくなかで、

「シェルターに駆け込む被害者は心身に傷を負い生活を奪《うば》われる一方で、加害者は無自覚で普通に生活をつづけている。これはあまりに不公平だ」

「加害者が野放し状態になっていることで、さらに別の女性に被害を与えるケースもある」

「加害者が変わらなければ、根本的な問題解決にならない」

このように痛感しました。

そして、ちょうどそのタイミングで出会ったのが、「選択理論」という人間の考え方や行動に関する心理学の理論です。

本文でくわしくご説明しますが、選択理論は、アメリカの精神科医ウィリアム・グラッサー博士によって提唱された理論です。たとえば私たちが新しい行動をどのように学ぶのか、怒りや落ち込みといった感情をコントロールするには、何をどのように選ぶことが効果的なのかということを、脳の働きを通して説明しています。

また、選択理論では、人は自分の生き方を「選択」することのできる存在であり、過去や環境がどうあれ幸せを選び取ることができると考えます。つまり、

「自分の行動はすべて自分の選択である」

という考え方を理論としてまとめあげたものです。

アメリカでは、カリフォルニア州南部にある女性刑務所で選択理論を学んだ受刑者の再犯率を追跡調査したところ、通常は60〜70％と高い率なのに、5年で2・9％と激減していました。そのほか、精神病院や学校でも選択理論が導入されると、退院者数のアップやいじめ、不登校がなくなったりと、高い効果をあげています。

私はこのことを知り、ＤＶ加害者も選択理論を学ぶことで「力と支配に頼らない人間関係」を築くことができるようになるはずと考え、選択理論をベースに、そのほかの有効な心理学の理論などを取り入れた独自のＤＶ加害者更生プログラムをつくりあげました。

このプログラムの特徴は、治療やカウンセリングではなく、不健全な価値観や考え方に気づき思考を変えていくための教育です。

したがって、**ステップのプログラムの目標は、夫婦（恋人）関係の修復ではなく、「ＤＶ加害者が変わること」。関係を修復できるかどうかは、その先の話**です。

プログラムの内容を簡単に紹介すると、まず初回の面談で選択理論の「怒りのメカニズム」と解決法や「基本的欲求」などについて説明をします。

加害者の多くは、たいてい「被害者意識」を持っています。「相手が怒らせるようなことをしなければ、自分は加害者にならずにすんだのに」というものです。

しかし、選択理論について学び「自分の行動の責任は相手ではなく自分の解釈にある」ということを知ると、「間違っているのは自分だった」と気づきます。そして「自分は加害者である」と初めて認識します。つまり「加害者になる」ことができるのです。

加害者としての自覚を持つと、「変わろう」「変わらなくては」という意識が生まれます。

そうなると学びの効果はすぐにあらわれます。

初回の面談を受けただけで2割の人はすぐに身体的暴力をやめられます。6割の人も学びを通してどんどん変化していきます。

これまでの10年間で、およそ800人の受講者の約8割、600人以上の方たちがDVをなおすことができました。

残念ながら、プログラムを通して学んでも変わらない人が2割程度はいますが、そういう人はたいていパートナーに「加害者更生プログラムを受けないと離婚する」「別れる」などといわれてしぶしぶ受けているだけ。「妻が悪い」という意識を捨てられず、「変わらなくては」という気持ちになれないのです。

自分が「変わろう」と決めて努力をする人は、必ず変われます。

そうして、更生プログラムを受けて変わることのできた人の多くは、パートナーの許しを得て、新たな関係を結びなおしています。

そのなかには、プログラムを通して「学ぶことで変われる」ことを実感し、自らもDV加害者の更生と救済に役立ちたいと活動をはじめた中川拓《なかがわたく》さんがいます。妻・亜衣子《あいこ》さんの理解を得て「一般社団法人エフエフピー」という虐待《ぎゃくたい》・DV加害者向けの予防・更生プログラムを宮崎県で立ち上げ、ご夫婦で運営しています。妻・亜衣子さんは回復プログラムを担当しています。法人名は「fifty-fifty partnership（フィフティー・フィフティー・パートナーシップ）」に由来するそうです。

また、離婚はしたものの、子どもとの面会を通してやりとりをするうちに「夫婦らしい会話ができるようになった」という方、妻の許しは得られないものの、妻が一緒に連れ出した子どもたちは自分たちの意思で父親のもとに戻ってきたという方もいます。

DVを克服すると家族みんなの人生が明るくなる

このように、適切に学ぶことでDVは克服《こくふく》できます。DV加害者がいなくなれば、被害者もいなくなります。そのことをみなさんにお伝えしたいのです。

本書では、まずDVに対する偏見を解くために、DV被害者・加害者の実態についてお話しします。そして、ステップで実施している加害者更生プログラムについて、実際にプログラムに参加してDVを克服した方たちの事例を踏まえながら紹介します。

人は変われます。

気づけば何度でもやりなおせます。

図表1　配偶者からDV被害を受けたときの行動

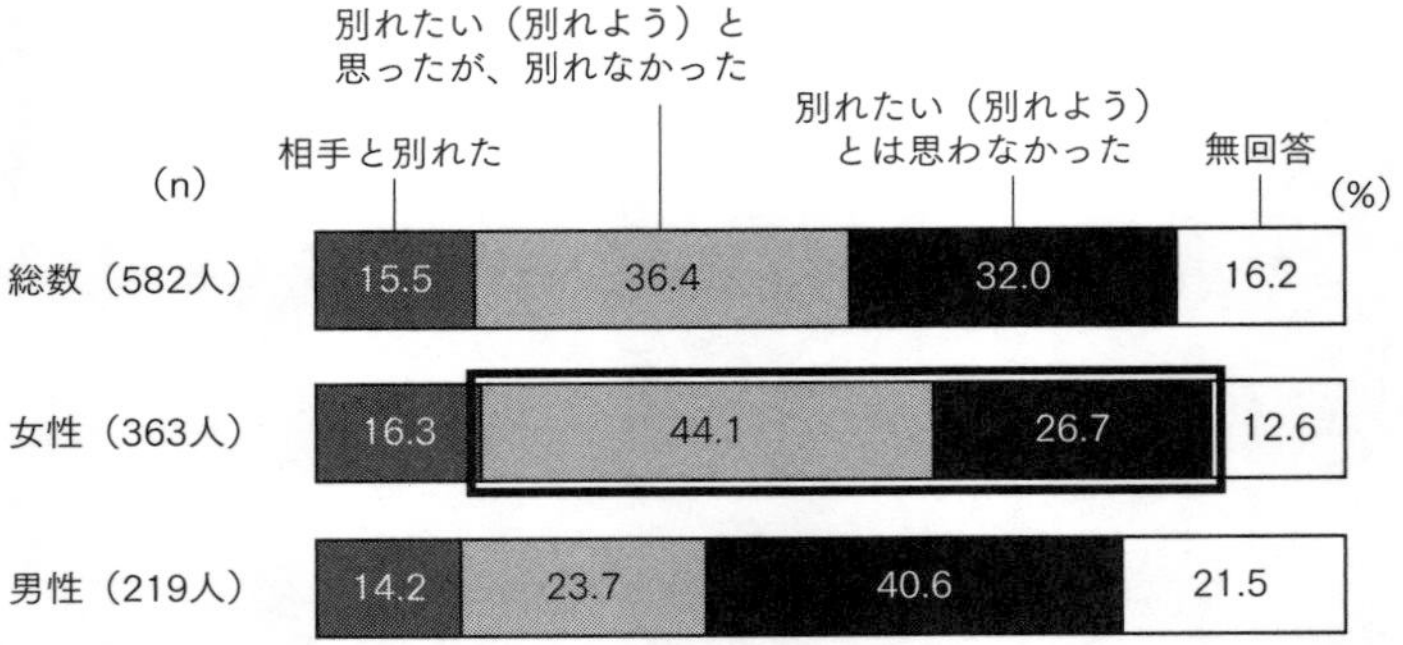

「別れなかった」「別れようと思わなかった」を合わせると、約7割の女性が「別れていない」が現状

出典：「男女間における暴力に関する調査報告書（令和3 年3 月）」内閣府男女共同参画局

それはDV加害者も同じです。

この本を、DVの当事者の方たちはもとより、DVの被害者支援をしている方たちにも読んでいただけたらと願っています。なぜなら、「DV加害者は変わらない」と考え、被害者に離婚をすすめるケースも少なくないからです。

しかし、それは被害者にとっても、とてももったいないことだと思います。**加害者が本当に変わったのかどうか、離婚を決意するのはそれを確かめてからでも遅くはな**いのではないでしょうか。

「配偶者からDV被害を受けたときの行動」という内閣府の調査では、被害女性のうち実際に「相手と別れた」方は16・3％ですが、「別れたいと思ったが、別れなかった」「別れたいとは思わなかった」を合わせると70・8％の方が「別れていない」のです（図表1）。

ステップの加害者更生プログラムで学んだ方の奥様から、このようなメールをいただきました。

「お医者さんからは『DV男は変わらない、あなたも依存傾向だから絶対にうまくいかない』といわれていましたが、理事長さんは『絶対に変われる』と励ましてくださいました。

そうして私も治療をしながら、理事長さんの支えによって努力をつづけている夫のことを陰で信じ、話し合い、確かめ合いながら徐々に距離を縮めていった結果、いまは胸を張って夫は変わり、私も変わり、もうあの頃には戻らないと自信を持っていえる毎日を過ごしています。

私の人生、夫の人生、息子の人生を明るくしていただき、本当にありがとうございます。このひとことでは伝えきれないほど深く感謝しています」

このご夫婦だけではありません。私は、ともにDVを乗り越えたご夫婦をたくさん見てきました。

本書が、ＤＶの加害者が変わるきっかけとなり、その先にＤＶ問題で苦しんでいた夫婦が再び寄り添い、ともにおだやかに暮らしていける家庭をつくる一助となれば、これほど幸いなことはありません。

ＤＶ加害者は変われます。

ＤＶはなおせます。

だから、あきらめないでください。

＊本書には中川ご夫妻をはじめ、ステップを訪れた方々の体験談を掲載しました（仮名の方の体験談はご本人を特定しない形に変えるなどしてあります）。体験談の掲載を許可してくださった方々に深く感謝いたします。
＊ステップでは「よい人間関係を築くためのお手伝いカレンダー」という名言を載せたカレンダーを配布しています。このカレンダーは私がこれまでの人生の中で出会って糧《かて》にしてきた素敵な言葉の数々です。本書にもいくつか掲載しました。

図表2　ＤＶチェックリスト

▼相手がＤＶをしていないかチェックしてみましょう（被害者用）

□あなたのことを「きたない」「バカ」など人をおとしめるいやな言い方で呼びますか。

□あなたが他の用事で会えなかったりすると、自分を最優先にしないと言ってふてくされたり、怒ったりしますか。

□あなたが誰と話すか、家族や友だちの誰と一緒にいるかなど、何でも知りたがって聞いてきますか。

□しょっちゅう携帯に電話してきて、あなたがどこで誰と話したり会ったりしているかチェックしますか。

□怒ったときに物にあたるなど、あなたが怖いと感じるような態度・行動をしますか。

□すごくやさしいときと、すごくいじわるでいやな態度のときとが極端ですか。具体的には「俺（私）にはあなたしかいない」とやさしく言ったかと思うと、「おまえ（あなた）は本当にバカだ」とバカにしたりするなど。

□２人がケンカしたとき、「おまえ（あなた）が怒らせるようなことを言ったからだ」などと言ってあなたを責めますか。

□あなたが何かについて話そうとすると話をそらしたりして、あなたの話をちゃんと聞いてくれないことが多いですか。

□よく約束を破りますか。

□あなたの携帯をチェックして、男（女）友だちのメールやアドレスを消せと命令したり、消してしまったりしますか。

□「僕（私）のことが好きならいいだろう」とあなたが気の進まないことをさせますか。

□あなたの希望や考えを尊重しないで勝手に決めることが多いですか。

※１つでも当てはまる項目があれば、ＤＶを受けている可能性があります。

▼自分がＤＶをしていないかチェックしてみましょう（加害者用）

□相手が自分の意見に従わないとイライラしたり怒ったりしますか。

□相手が自分だけでなく、他の人とも仲良くしているのを嫉妬《しっと》して責めたりしますか。

□相手がどんな人とどんな話をしているのか、とても気になって聞いたりしますか。

□相手に何をするか、誰と話すか、どこへ行くか、何を着るかなどについて指示し、それは相手のためだと思っていますか。

□相手に向かって「俺（私）とあいつ（ときに人、物、ことがらなど）のどっちが大事なんだ！」という言い方をしますか。

□腹を立てたとき、相手の目の前で物を叩《たた》いたり、壊したり、投げたりしますか。

□腹を立てたとき、相手の腕や肩をつかんだり、押したり、叩いたりしたことがありますか。

□あなた自身の問題や自分がイライラしていることを、相手のせいだと責めたことがありますか。

□相手がしたことをとがめるとき、相手を叩いたりしますか。

□いつも相手をリードしなければと思っていますか。

□２人のことでも、相手の考えや希望を尊重しないで、自分ひとりで決めることが多いですか。

□相手は自分より劣《おと》っていると思いますか。

□付き合っている相手を「自分のもの」だと思っていますか。

※１つでも当てはまる項目があれば、相手にＤＶをしている可能性が高いです。

出典：NPO 法人 女性・人権支援センター ステップ

目次◆DVはなおせる！——加害者・被害者は変われる

プロローグ——DVはやめられる

第1章　あなたの夫婦関係がよくない原因はDV？

第2章　なぜDVは生まれるのか――加害者の実態

第3章　なぜDVから逃げられないのか——被害者の状況

第4章　DVをなおすプログラムの基本

第5章 パートナーといい関係を築く方法

参考資料　

DVはなおせる！——加害者・被害者は変われる

第1章

あなたの夫婦関係がよくない原因はＤＶ？

ＤＶ家庭にあるのは「安らぎ」ではなく「恐怖」

プロローグでお話ししたように、ＤＶの加害者も被害者も、自身がＤＶの当事者であると気づいていない人が少なくありません。ですが、夫婦のあいだにＤＶが存在していれば、必ずそのサインがあります。

たとえば、あなたはこのように感じてはいませんか？

・「自分たち夫婦は何かがおかしい」
・「一緒にいて楽しくない」
・「なんとなく生きづらい」

もしも相手に対して、次のように感じているのなら、あなたはＤＶ被害者である可能性があります。

・つねに顔色をうかがい、ビクビクしている
・いつまた怒られるかもしれないと思うと恐怖を感じる
・相手が家にいると落ち着かない

・二人の関係修復のことで頭がいっぱい
・ケンカの原因は自分にある
・相手を怒らせないよう我慢《がまん》していることが多い
・相手より自分のほうが劣《おと》っていると思う
・相手から叩《たた》かれたり、きつい言葉を投げかけられて、心が傷つくことがよくある
・自分のしたいことができない
・自分の言いたいことを言えない

これらのなかでも、ＤＶかどうかの目安となるのは「恐怖」です。

「夫（妻）が怖いか、怖くないか」

それが、自分がＤＶ被害者であるかどうかのいちばんのポイントです。

ステップでは、被害者の方にも初回面談で意識調査をおこないますが、「相手が怖いですか」という質問に対して「いいえ」と答えたのは、数百人中１人か２人です。ちなみに、その人は自身も相手に加害行為をしている加害的な被害者でした。なお、加害的被害者については第２章でお話しします。

一方、相手に対して、次のように感じているのなら、あなたはDV加害者である可能性があります。

・イライラすることが多い
・欠点やミスが目立つので厳しく注意することがある
・自分のいったことや頼んだことをやっていないと「自分は大事にされていない」と感じてさびしく、ついカッとなってしまう
・自分は夫（妻）としてやるべきことをやっているのに、相手が妻（夫）としてやるべきことをやっていないと頭にくる

加害者であっても被害者であっても、DVの当事者であれば、パートナーに対してどこかギクシャクした思いを持ち、夫婦のあいだになにかしら居心地の悪さを感じているはずです。そうした親の居心地の悪さは子どもにも伝わりますから、子どもにとっても居心地の悪い家庭になってしまいます。

DVの家庭環境は、子どもに深刻な影響を与えます。

まず、子どもの前で親が暴力をふるう「面前DV」によって、子どもは傷つき、大きな精神的ダメージを受けます。不眠や不登校になってしまう子もいます。また、親の暴力は配偶

者だけでなく子どもに向かうことも珍しくありませんし、ＤＶを受けた親がストレスなどで子どもに暴力をふるってしまうこともあります（子どもに対する親の暴力は「虐待《ぎゃくたい》」といいＤＶとは区別しますが、同じことです）。

そうして**親から暴力を学んだ子どもは、大きくなって自身がＤＶ加害者になるという負の連鎖《れんさ》**もしばしば起こります。実際、ステップに相談にくる加害者の約９割はＤＶ被害の経験者です。

家庭というのは、本来、もっとも安全で安心できる場所です。しかし、そこにＤＶが入り込むと、このようにもっとも危険で不安な場所になってしまいます。

ＤＶの本質は「暴力による支配関係」

被害者・加害者を問わず、ステップに来る方に「ＤＶとは何ですか？」とお尋ねすると、ほとんどの方が「ぶつこと、蹴《け》ること」と答えます。

しかし、プロローグでもお話ししたように、ＤＶは殴《なぐ》ったり蹴ったりする身体的な暴力のことではありません。そうした**「暴力による支配関係」**のことです。

ＤＶ夫婦の関係性を説明するとき、私はいつも車の運転にたとえます。

理想的な夫婦関係というのは、車の運転でいえば、夫も妻もそれぞれがマイカーを運転している状態です。つまり、車という「人生」の舵《かじ》をそれぞれが自分の意思でとっているわけで、お互いに対等な立場であり「対等な関係」です（図表３）。

それに対してＤＶ関係というのは、たとえば夫が妻の車の助手席に乗り、妻が右にハンドルを切ろうとすると「左に行け」、進もうとすると「止まれ」というように、どう運転すべきかを夫が指示しているような状態。つまり、**夫が妻に「ああしろ、こうしろ」と命令をして、妻の人生を夫が一方的に支配する関係**です。

しかし、人の人生を支配するなどということは、そう簡単にできることではありません。そこで、使うのが暴力です。

ＤＶとは、本来、**暴力によって抑えつけられたパートナーが奴隷《どれい》化していく「主従関係」**のことを指します。

このように説明すると、ほとんどの加害者が「たしかに私もそうでした」と納得します。

図表3　ＤＶ夫婦の関係性を車の運転にたとえると……

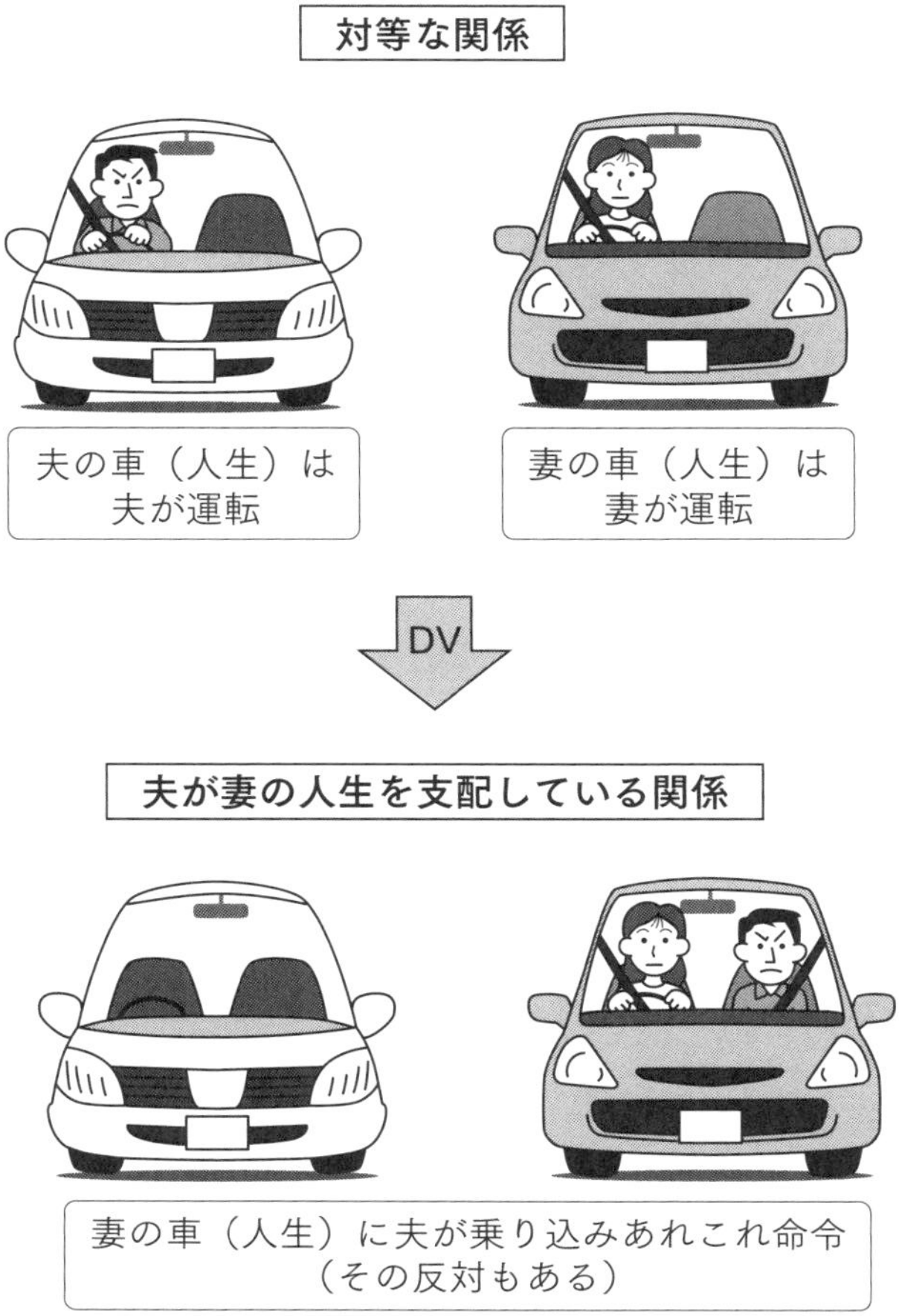
対等な関係
夫の車（人生）は
夫が運転
妻の車（人生）は
妻が運転
DV
夫が妻の人生を支配している関係
妻の車（人生）に夫が乗り込みあれこれ命令
（その反対もある）

出典：NPO法人 女性・人権支援センター ステップ

DVのやり方はさまざま

「DV加害者は被害者を暴力で支配しようとする」といいました。「暴力」という言葉を聞くと、真っ先に「殴る・蹴る」という身体的暴力を思い浮かべる方は少なくないでしょう。しかし、身体的暴力は支配の一手段でしかありません。

「言葉による暴力」という表現もあるように、暴力にもいろいろな形態が存在します。たとえば、無視したり（精神的暴力）、生活費を渡さなかったり（経済的暴力）、メールやラインを細かく監視したり（デジタル暴力）することも暴力です。

また、「言葉の暴力だけで手はあげない」というように1種類の暴力だけということもありますが、多くの場合、「大声で怒鳴って殴る」など何種類かの暴力が重なって起こります。

▼言葉の暴力

・「アホ」「バカ」「消えろ」「死ね」「お前は能なしだ」「出ていけ」など、相手に向かってバカにした言葉や汚い言葉をいう

・「こんなこともまともにできないのか」「そんなことも理解できないのか」など、相手の

欠点をあげつらったことをいう

・「お前は何をやってもダメだ」「母親失格だ」「生きている価値がない」など、相手に対して否定的なことをいう

・「やれ」「やめろ」と命令するような口調でものをいう

・怒鳴る

ＤＶのほとんどは言葉の暴力です。人を殴ることには抵抗を感じても、こうした言葉を投げつけることにはあまり抵抗を感じない人も少なくありません。言葉の暴力だけをふるう人は、自分の行為になんら違和感を持たず、その結果、ＤＶと気づくことはありません。

しかし、こうした言葉による暴力は、相手の心を深く傷つける精神的暴力にもなります。〝魂《たましい》の殺人〟といっても過言ではないでしょう。

否定的な言葉は相手の心の奥まで傷つける

——「よい人間関係を築くためのお手伝いカレンダー」より

▼身体的暴力

- 相手に向かってものを投げつける
- つばを吐《は》きかける
- 押したり突いたりする
- かみつく
- 平手で顔を叩く
- げんこつで殴る
- 蹴る
- 髪の毛をつかんで引っ張る
- 頭突きをする
- ものを使って叩く
- 刃物などの凶器を身体に突きつける
- 監禁する
- 首を絞《し》める
- タバコや熱いもので火傷《やけど》をさせる

直接身体を攻撃する身体的暴力は外傷が残ることもあり、周囲が気づくこともあります。

そのため、腹部や背中、太ももなど外傷が外から見えにくいところを選んで暴力行為におよぶ加害者もいます。

夫婦であっても、暴力によって相手に外傷を負わせると暴行罪・傷害罪になります。

▼精神的暴力

・ものを投げたり壊したりする
・ドアをバタンと閉める
・不機嫌になったりむっつりしたりする
・相手に自分はダメな人間だと思わせる
・嘘《うそ》をつく
・耳を貸さないし、答えない
・「自殺する」とおどかす
・無視する
・自分の失敗を決して認めず、相手のいう真実を否認する
・自分の態度や行動を相手のせいにする
・事実をねじ曲げたり、矮小化《わいしょう》したり、否定することで、相手を混乱させる

・次にどんな行動をするかわからなくさせて、ビクビクさせる
・夜遅くまで寝かせない
・優しくするのと虐待するのとを交互にして混乱させる
・口論のとき相手の話にすぐに口を挟《はさ》む
・友だちや家族に連絡をとらせない
・プライバシーを持たせない
・ストーキングする

こうした精神的暴力は「モラルハラスメント」、通称モラハラにあたります。外傷を負わないため周囲が気づきにくいケースが少なくありません。ですが、精神的暴力は「心の暴力」であり、相手の心に深い傷を与えます。

たとえば、夫は身体的暴力は一切しなかったけれど、4ヵ月間、妻とひとことも話さないという精神的暴力をおこなったことで、妻が耐えきれずに逃げ出し、離婚した夫婦もいます。

▼性的暴力

・相手が寝ているときにセックスをはじめる
・相手がしたがらないのにセックスを無理強《じ》いする

・セックスに応じないと冷たくしたり、不機嫌になったり、「浮気してやる」といったりする
・避妊に協力しない
・中絶を強要する
・嫌がるのにポルノを見せる

相手が同意していないのに無理やり行為を強要することは、たとえ夫婦であっても性的暴力に該当すると考えられています。レイプにあたります。

▼経済的暴力

・十分な家計費を与えない
・相手を働かせない
・お金の使い道をすべて自分だけで決める
・お金の使い道をいちいち細かく報告させる
・自分は働かず、相手だけを働かせる
・お金が必要なときは自分の許可をとらせる
・無責任にお金を使う

・家計の管理を独占する
このほかにも、生活費の多くをギャンブルや趣味などに費やすことも経済的暴力に該当します。

▼デジタル暴力

・パートナーの携帯電話を勝手にチェックする
・SNSにパートナーになりすまして書き込む
・パートナーのfacebookへ勝手にログインし行動をチェックする
・メールやLINEにすぐに返信するよう強要する
・パートナーの誹謗中傷《ひぼうちゅうしょう》をネットに書く
・ネット上にパートナーの裸の写真を載せるとおどかす
・携帯電話にすぐに出ないとキレる
・携帯電話を取り上げる
・居場所のわかる写メを送るよう指示する

被害者はメールやLINEを細かくチェックされることを、初めのうちは愛情や嫉妬《しっと》によるものと思い、さほど深刻に受け止めないこともあります。しかし、そうして被害者が甘受《かんじゅ》することで加害者の束縛《そくばく》がエスカレートし、外出させないなど軟禁《なんきん》を強いることもあります。自宅軟禁であっても監禁罪にあたる可能性があります。

ＤＶのきっかけは、ほんの些細なこと

相手をののしったり、叩いたり、ものを投げつけたり……これだけのことをするのですから、加害者にもよほどの理由があるのではないかと思うところです。ところが、ＤＶの発端となる出来事は、第三者からすると驚くほど些細《ささい》なことだったりします。

プロローグで紹介した中川拓さんの事例は、まさに典型的です。

事例　「とんかつにソースが出ていない」がＤＶのきっかけに

たとえば、夕食がとんかつのときに食卓にソースが出ていないとします。妻には、「とんかつのときにはあらかじめソースを出してほしい」と頼んでいたのに、出ていない。そういうことが何回かつづいて、それでキレてしまったんです。

いま思えばくだらないことですが、「とんかつにはソース」「カレーには福神漬《ふくじんづ》けとらっきょう」、こういう約束ごとが守られていないことで、「俺のいうことを聞いていな

い」「俺のことをバカにしている」「俺のことを愛していないんだ」という負の三段論法のような考えにおちいり、「悪いのは何度いっても約束を守らない彼女のほう、俺は正しい」となってしまったのです。

中川さんだけではありません。

「カレーに福神漬けがついていなかった」
「とんかつにソースがかかっていなかった」
「魚を食べたかったのに肉が出た」
「リモコンを決めた位置に戻していなかった」
「帰宅したときにお帰りなさいをいわなかった」
「妻が朝ごはんをつくらなかった」

これらは実際によくある事例です。はたから見れば「そんなことぐらいで」という出来事ばかりですが、じつは、これらの事例の背景には共通する加害者感情があります。

「自分の望んでいること（欲求）に、相手が応えてくれない（満たしてくれない）」

という気持ちです。

つまり、たかだかカレーに福神漬けがついていないだけのことが、加害者にとっては「自分がないがしろにされている出来事」となり、「自分は愛されていない証拠」になってしまいます。そして、そのさびしさや不満が怒りになり、ＤＶ（＝怒り行動）として表にあらわれるのです。

しかし、被害者にとっては、あまりにも些細なことで相手が怒り出してしまうため、どこに地雷《じらい》があるのかわからず、つねに相手の顔色をうかがいながらビクビクして過ごすことになります。

「正しい夫」が「ダメな妻をなおしてやっている」という思考回路

「自分は正しい、間違っているのは相手」

これは、ＤＶをしてしまう人たちが共通して持っている考え方です。ある加害者はそれを「つねに自分が正しい病」と表現しています。

加害者にはそういう共通のゆがんだ思考や価値観があり、それが言葉や態度、行為に出るため、ＤＶ行為には似たパターンがあります。

もっとも顕著《けんちょ》なのが「べき論」です。

これは、「〜であるべき」「〜するべき」という使い方をする「べき」のことです。「べき論」のもとにある「べき思考」は、生まれ育った環境や親との関係、学校や職場でのさまざまな経験によってどんどん固まっていきます。

たとえば、「子どものうちはよく遊び、よく学び、よく眠るべき」といった自分なりの信念やポリシー、あるいはこだわりは誰しも持っています。それは自由に持つことのできるものですが、人に押しつけようとするとトラブルが起こります。相手に対して支配的になってしまい、怒りなどの強硬な手段を用いるようになってしまうのです。

のちほどお話ししますが、DV加害者の多くは父親が母親を暴力で支配するDV家庭で育っています。そのため、「妻は夫に従うべき」とか「夫婦は同じ価値観を持つべき」というような**「夫婦はこうあるべき」という強いこだわり**を持っています。

そして、「自分は正しい」という考えのもとにパートナーに対して「こうあるべき」「こうするべき」と自分のゆがんだ価値観や理想をさも正論のように伝え、従わせようとします。

それに対して、相手が賛同しなかったり、やらなかったりすると、「自分の『べき』に従わない相手の判断力や価値観は異常だ」と考え、**相手を「矯正《きょうせい》することが自分の使命」と考え、相手を「正そう」とします。**

たとえば、相手が自分の決めた家庭のルールを守らなかったり、うっかりミスをするようなことがあると、

「いつもいっているのに、なんでできないんだ」

「バカじゃないの」

「ちょっと考えればわかるだろう」

「だからおまえはダメなんだ」

「生きている価値がない」

と怒鳴りつけます。それに対して被害者がちょっとでも反抗すれば、

「なにをいってるんだ」

「おまえはなにもわかっていない」

「間違っている」

このように悪《あ》しざまに非難したりします。

しかも、加害者は「自分は何も間違えていない」「自分は正しい」「正しければ何をしてもかまわない」という思考回路になりがちです。

「妻がいうことを聞かなければ多少の暴力は許される」と考える人は少なくありません。ステップの加害者更生プログラムの初回面談でおこなう「意識チェック」でも「妻が夫のいうことを聞かなければ叩いてもかまわない」「必要であれば妻に暴力をふるうことは許されている」などの項目にチェックを入れる人はたくさんいます。

そうして、口でいっただけでは足りないと、相手にものを投げつけたり、叩いたり、土下《どげ》座《ざ》させたり、謝るまで何週間も口をきかないなどの行動に出て、自分の「べき」を強要しつづけます。

どれも完全にDV行為ですが、加害者は自分がDVをやっているなどとはつゆほども思っていません。むしろ、「相手のダメなところをなおしてあげている」と思っています。とくにDV加害者の多くは、妻のことを「教育してやろう」と思っていて、それが夫の務めだと思っています。妻に対して、

「おまえがダメだから、俺が教えてやっているんだ」

「おまえのためなんだ」

このように平気でいいます。自分でもそう信じているのです。

中川拓さんも妻の亜衣子さんに対してしょっちゅう暴言を吐き、ときには平手で叩くこと

もありましたが、「彼女のために必要なことと思っていた」と語っていました。

「～べき」が悪いわけではない。自分に対しての「べき」は責任感になる
責任感の強さが、いま、生きる命をながらえていることもある
――「よい人間関係を築くためのお手伝いカレンダー」より

加害者に被害者意識があり、被害者に加害者意識がある

ここまで見てきたように、加害者になる人は「自分は正しい」という思い込みが強く、「相手のダメなところを叱《しか》るのは相手のため」と、自身の行為を正当化しています。ですから、それが悪いことだとは考えもしません。

むしろ、**「私が怒るのは妻がきっかけをつくるからだ」**という「被害者意識」を持つ人も少なくありません。

どうしたって、

「正しいのは自分、悪いのは相手」

という思考になってしまうため、「加害者意識」など芽生えてこないのです。

一方、そのように**加害者が「悪いのはおまえだ」と責めつづけるため**、被害者はじわじわと屈辱《くつじょく》感や罪悪感を植えつけられ、やがて**「悪いのは私」とまるで自分のほうが加害者であるかのような錯覚《さっかく》におちいってしまう**ことがよくあります。

自信を奪《うば》われ、「相手が間違っているかもしれない」などと考える気力すら失ってしまうのです。

DVの関係では、加害者が被害者を精神的にコントロールしようとする、いわば「洗脳」のようなことが起こるため、こんなふうに被害者と加害者との当事者意識がまるで逆転したかのようになることも決して珍しくありません。

また、被害者の中には「なんとなくおかしい」とは気づいていても、**「自分がDV被害者とは認めたくない」という気持ち**があったり、「相手は自分のためを思って叱ってくれている。だから私は愛されているんだ」などと考えたりして、相手の行為を容認するような格好になってしまうこともあります。つらい状況を直視するのは耐えがたく、現状認識を変えるほうが自分のプライドが傷つかないからです。

こうなってしまうと、**被害者は被害者になることができません。**被害者がいなければＤＶという犯罪も存在しないことになってしまいます。

相手が逆らわないことで、加害者は「自分のしていることは正しい」とますます勘違いをして、加害行為がエスカレートしていくという負のスパイラルが生じます。

こうして、被害者は被害者であることに、加害者は加害者であることに、それぞれ気づかないまま、ＤＶが見逃され潜在化していきます。

ＤＶはお見合いより恋愛結婚に多い

意外かもしれませんが、加害者は決してパートナーのことが憎くてＤＶをしているわけではありません。ステップに来る加害者は誰しも「自分は妻（夫）を愛しているから離婚したくない」といいます。

これまで８００人近い加害者の方とお会いしてきましたが、初回面談用質問票の「相手を愛していない」という項目に丸をつけたのは、たった１人だけです。

ちなみに、その方は結婚前の男性で、恋人から「結婚するなら加害者更生プログラムを受けて変わってほしい」といわれてきたとのことでした。私は当然、恋人のことを愛しているものと思っていたので少し驚き、「どうしてこれにチェックをつけたのですか？」と尋ねてみました。

すると「これまで彼女のことを愛していると思っていました。でも、愛していたら怒鳴ったり叩いたりはしませんよね。だから本当は愛していないんだと思います」といったのです。「すごい気づきですね」と感心しましたが、これほど早く気づきがある人なら、ＤＶも早くなおる可能性があります。

しかし、これはめったにない例外で、**ＤＶ加害者は基本的にパートナーのことを少なくとも「愛している」と思っています。**

愛している相手には「こうあってほしい」という理想を抱いたり、「こうなってほしい」という期待を持ったりしがちです。その期待が大きければ大きいほど、外れたときにとてもがっかりし、「なんで」「どうして」という怒りの感情がわいてきたりします。怒りというのは、現実と理想のギャップから生まれます。

また、ＤＶ加害者は相手も自分のことを愛していると思っているので、**「このぐらいなら許されるだろう」という甘えも持っています。**そのため、怒りをそのまま相手にぶつけてしまうのです。

その点、他人に対しては、期待しないから怒りも出ませんし、頭にくることがあったとしても甘えられないので、うかつに怒りを表現することもありません。

このことから、**ＤＶは「親しい相手への期待と甘えから生じる行為」**ともいえます。

そのためか、お見合い結婚をしたご夫婦のＤＶ相談というのは受けたことがありません。お見合いであっても結婚をした以上は他人とはいえませんが、お互いに恋愛相手に対するような期待や甘えがなく、いい距離感を保っているのだと思います。

どこからがＤＶか――ＤＶとケンカの違い

「ＤＶのやり方はさまざま」の項目（36ページ〜）でも見たように、ＤＶの手段としてもっともよく使われるのは言葉による暴力です。ですが、夫が妻に対して「なにをやってるんだ」「お前が悪い」などといったからといって、必ずしもＤＶというわけではありません。

ＤＶとは夫婦の関係性であり、どちらかが一方的に、相手のことを力によって支配しようとするのがＤＶです。

それに対して、妻も夫に「なによ、あなたがこうしろっていうからやったんじゃない」

図表4　ＤＶとケンカの違い

	ＤＶ（一方的）	ケンカ（互いに）
力関係	**対等でない**	**対等**
支配	**ある**	**互いにある**
気持ち	**怖い**	**互いに怖い**

出典：NPO 法人 女性・人権支援センター ステップ

「私だけを責めるのはずるい」などといい返すことができ、お互い同じようにいい合うことができているのであれば、それは対等な関係といえます。

対等な者同士が対等にぶつかり合うのは、ＤＶではなく「ケンカ」です（図表４）。

夫婦ゲンカといえども、お互いに相手を叩いたり殴ったりして身体的暴力をふるい合うことは犯罪になりますから、絶対にしてはいけません。

ですが、双方がいいたいこともいえず我慢し合っているのでは、お互いにストレスがたまってギクシャクした関係になってしまいます。

「ときには口ゲンカもするけれど、お互いにいいたいことをいい合える仲」というのは、むしろうまくいっている証拠であり、理想的な関係といえるかもしれません。

ただし、妻がいい返したことに対して、夫が激昂《げっこう》して怒鳴り散らしたり、ものを投げつけたりして、妻が一方的に恐怖を感じるような状態であれば、それは夫婦ゲンカの領域を超えてＤＶになります。

このように、ケンカとＤＶとの違いは、その関係が対等か対等でないか。

夫婦ゲンカのつもりでも、相手のことを心のどこかで「怖い」と感じて怯《おび》えているとしたら、それはＤＶです。

暴力を恐れて被害者が謝ることが加害者の成功体験になる

そうして、妻が夫に対する恐怖心から「ああ、ごめんなさい」「私が悪かったわ」とひとことでも謝ると、それは夫にとって成功体験になります。そのことは、

「やっぱり自分は正しかったんだ」

「自分のいっていることは間違っていない」

という加害者のさらなる過信を生み、ＤＶ行為を加速させることになり、妻が反発しても反発しなくてもＤＶをくり返すようになります。

加害者のなかには、こんなふうにいう人も少なからずいます。

「初めて行為におよんだときに、妻から『やめて！　それはＤＶよ』といわれていたら、加害者にならずにすんだかもしれません」

妻としては、本心では納得していなくても「とにかくこの場を無事にやりすごしたい」という気持ちから、夫の怒りを鎮《しず》めるためにとりあえず謝罪をしてしまう。それが、ＤＶの口火となってしまうこともあります。

「最初が肝心《かんじん》」といいますが、妻が初めて暴力を受けたときに「ノー」といえるか、いえないか。それがＤＶ問題に発展するかどうかの分かれ目になることも少なくありません。

妻が暴力を一度でも許してしまうと、夫は「よし、妻にいうことをきかせるには一発殴ればいい、今度からこれでいこう」となり、暴力が習慣化されていくのです。

第2章　なぜＤＶは生まれるのか——加害者の実態

DV行為の裏にある自信のなさ、依存

第1章でお話ししたように、DVとは夫婦間・恋人間で起こる暴力を用いた支配関係のことです。

それでは、なぜ加害者は被害者を支配しようとし、その方法として暴力を用いるのでしょうか。

中川拓さんはこのように語ってくれました。

「すべては自分の弱さだったと思います。たとえば、自分はつねに正しいと思っていましたが、**自分の間違いを認められないというのは、弱いからです。**

それに、妻が自分のいうことを聞いてくれないと、自分は大事にされていない、愛されていないと感じてどこかさびしかったのですが、それは**自分の欲求を自分で満たすことができず、相手に依存していた**ということです。

要するに精神的に自立できていなかったのです。

けれど、そのことに気づいていないために、『正しい自分』のいうことを聞かない相手に腹を立て、相手がいうことを聞かないのなら聞くまでいいつづける、いってわからなければ

叩《たた》いてわからせる。自分は正しいのだから当然のことだ、と思っていたのです」

中川さんの話からもわかるように、加害者には共通する心理パターンがいくつかあります。まずひとつは、「自分は正しい」という考えです。この根底には、「妻は夫に従うべき」などのゆがんだ価値観や思考があります。

次に、そこから「自分を正当化」しようとします。これは中川さんもいっているように、**じつはＤＶは自信のなさの裏返し**です。

このことは、加害者の初回面談でおこなう「自尊心の在庫確認」というチェックリストからもよくわかります。「私は価値がある人間です」といった項目があり、それぞれにつき０～10までの点数をつけてもらい、その合計点で自分の自尊心がどれくらいあるか調べるものです。

もちろん、人によってバラつきはありますが、加害者は合計点が１２０点満点で30～40点台と、とても低い。つまり、**加害者は意外にも「自尊心が低い」**のです。

「なぜ自分には価値がないと思われるのですか」と聞くと、たいてい子どもの頃に親や教師からしょっちゅう「ダメな子」といわれていたから、といいます。

「自尊心」とは自分の価値を認めることですが、加害者は「おまえはダメだ」と否定されながら育ったことで、大人になっても自己評価が低く、自分の価値を認められずにいるのです。自尊心が低いままだと、自分を信じることが難しくなります。しかし、社会に出て仕事をし家庭を守っていくには自信が必要です。

本当は自信がないのに自信のあるふりをしなくてはならないのは大変です。そのため、「自分は正しい」「自分は間違っていない」と強く思い込もうとします。パートナーを支配することで自分にはものごとをコントロールする能力があると思い込み、自分を高く評価しようとするのです。

ちなみに、この「自分は正しい」という思考が、前章で述べた「〜であるべき」という価値観を生みます。

さらに、加害者によく見られる心理パターンが、相手に対する「依存」です。自分をケアしてくれる人がいなくなると困るので、パートナーを手放そうとしません。

その半面、自分のものであるパートナーが自分の思いどおりにならないと、相手に対して怒りを感じます。じつは、この怒りの背景には、「くやしさ」や「むなしさ」があります。しかし、加害者はそれをどう表現していいのか知りません。そこで子どもの頃から唯一《ゆいいつ》学んできた怒りの表現によって、そうした感情をあらわすのです。

こうした心理パターンが働いて、加害者は無意識のうちにＤＶ行為を選択してしまいます。つまり、**ＤＶは**無意識のうちに刷り込まれた**ゆがんだ価値観・考え方によって生まれる「怒り行動」**なのです。

本当に強い人は自分の弱さに気づく人。弱さを認める人。弱さを出せる人

――「よい人間関係を築くためのお手伝いカレンダー」より

加害者になるのはどんな人？

ＤＶの加害者は相手を怒鳴ったり、蹴ったりするため、粗野《そや》で粗暴なタイプが多いように思われがちですが、実際にはそうではありません。

これまでステップを訪れた加害者には、医師や大学教授、公務員など、いわゆる「ホワイトカラーのエリート」と呼ばれる人たちも少なくありません。また、女性をもてなすホストや犯罪を取り締まる警察官もいます。

年齢も、30代、40代を中心に10～70代と幅広く、結婚をして数十年以上になる「ベテラン夫（妻）」も珍しくありません。

このように**年齢や職業、経済力などの要素と、DVの傾向とは無関係です**。大企業のトップを長くつとめ「プロ経営者」として高い評価を受けていた男性が、妻へのDV容疑で逮捕されたニュースをご記憶の方も多いでしょう。

このように、DV加害者は見ただけではわかりません。職場でも部下を怒鳴りつけるなど外でも暴力をふるう人もいますが、そういう根っから暴力的というタイプはあまり多くありません。

加害者の約8割は、外見上は「普通」かむしろ評判がよく、周囲の信頼もあつく「あの人に限って」と思われるような人物であることもしばしばです。そのため、被害者が周囲に相談をしても、「そんなふうにはとても見えない。あなたのほうに問題があるのでは」などといわれて、誰にも相談できなくなってしまうこともあります。

そうした加害者の特徴が、DV問題を見えにくくしている一因でもあります。

時代とともにDV関係も変化している

警察庁の統計によると、2012年に検挙したDV加害者の9割以上が男性でした。この結果からもわかるように「DVの加害者は男性、被害者は女性」という状況が長くつづいていました。

しかし、プロローグでもお話ししたように、近年、女性も加害的になってきて、**「加害者が女性、被害者が男性」というケースが増えてきています。**

とくに20～40代の夫婦の関係性が変わってきているようです。男性の約半数が配偶者からのDV被害経験があるとのことです（令和3年「男女間における暴力に関する調査報告書」内閣府男女共同参画局）。

かつての「男性が外で働き、女性が家を守る」という時代には、経済的にも精神的にも女性は男性の庇護《ひご》を受けて暮らしているという感覚が社会全体にあり、男性が一方的に支配権をにぎっていました。しかし、仕事を持ち経済的にも精神的にも自立した女性が増え、社会的にも男女対等の認識が高まったことで、**より強いほうが相手を支配しようとする関係になってきた**のだと思います。

人間が2人いると必ず比べる行為が生まれて、優位と劣位《れつい》ができ、強いほうがリーダーになろうとします。働き手が夫で妻は専業主婦という場合、夫が優位で妻が劣位になりやすいものです。しかし、夫が口ベタで妻のほうが弁が立つと、優劣が逆転して妻が加害的になります。才能が離れているとそこに優劣ができて、支配関係が生まれやすくなるのです。

何においても同じぐらいの力関係であれば、お互いに尊敬し合えて、理想的でしょう。

ただ、女性が加害者の場合、次の2つのパターンがあります。

・妻が夫に対して一方的に加害行為をしているケース

・妻から夫へのDVの背景に、言葉の暴力や精神的暴力によって妻を追い込む「隠れDV夫」が潜《ひそ》んでいるケース

ここでは、「妻が加害者、夫が被害者」という事例を紹介します。

事例　妻の一方的なDVに長年耐えてきたCさん

同じ職場の同僚だった妻とは、お互い両親からの虐待《ぎゃくたい》を受けて育ったという共通の体験があり、そのことを話し合い慰《なぐさ》め合ううちに自然にひかれ合っていきました。二人とも暴力的な家庭の不幸を知っているので、「結婚したら絶対に平和でおだやかな家庭をつくろう」と誓《ちか》い合って結婚しました。

けれど、結婚してすぐに妻の暴力がはじまりました。私はどちらかというと動作が緩《かん》慢《まん》なタイプで妻もそのことを知っているはずなのに、彼女の思うように私が動けないと「なんでもっと早くできないの！」「どうしてこんなこともできないの！」「あなた男でしょう！」と怒鳴るのです。それもひとことで終わるのならまだしも、何時間もずーっと罵詈《ばり》雑言《ぞうごん》を浴びせつづけます。

妻は両親が離婚したあと母親に引き取られたのですが、その母親が自分の思いどおりにならないとすぐ怒鳴る人だったそうです。

「気にいらないことがあれば怒鳴る」という母親のやり方しか彼女は知らないので、私のことで気にいらないことがあると、母親が自分にしたのと同じことを私に対してしてしまうのだと思います。

私がおだやかな家庭に育ったのであれば、そんな妻を優しく包み込むこともできたかもしれません。ですが、私自身、親からの虐待を受けて育ったので、怒鳴り声を聞くと子どもの頃の恐怖がよみがえって身体が震《ふる》え、とてもいい返すことなどできません。

それでも彼女のことを好きという気持ちに変わりはなく、また、「自分がトロいから彼女を怒らせてしまうんだ」という思いもあり、ひたすら我慢をしていました。

やがて娘ができたのですが、妻は娘に対しても怒鳴るようになりました。怒りのスイッチが入ると手がつけられないので、私も止められませんでした。ただ娘は私と違って、いわれたらやり返すことができたので、私ほどトラウマ（心的外傷）にはならなかったようです。

しかし、私は長年にわたって妻の暴言にさらされつづけたことで、不安神経症を発症してしまいました。妻のことを考えただけで息苦しくなったり、ハアハアと過呼吸状態になったりするようになりました。これ以上はもう妻とは一緒にいられないと感じ、家を出ました。

その後、ネットでＤＶのことを調べ、ステップのことを知りました。もし妻が加害者更生プログラムに通ってＤＶをなおすなら、家に戻ります。

ＤＶ加害者には他人とはうまく付き合えるという人も少なくないのですが、Ｃさんの妻の場合は外での人間関係もうまくいっていません。誰ともうまくいかないから、せめて夫や娘には「自分の思いどおりになってほしい」とよけい期待をしてしまうのです。

また、妻がＣさんにいった言葉から、妻には「男はこうあるべき」「夫はこうあるべき」という思いが強く、**「夫を一人前の男にしよう」「いい夫にしよう」という気持ちがある**ことがわかります。

相手に「こうなってほしい」「こうしてほしい」と自分の望みを伝えるとき、普通ならおだやかにお願いをするものです。けれど、Ｃさんの妻は暴力的なやり方でしか自分の気持ちを伝える方法を知らないため、ガミガミいってしまうのです。

このようなＣさんの妻の意識はＤＶ加害者に共通するものです。更生プログラムを受けて学ぶことで、Ｃさんの希望どおり妻のＤＶがなおる可能性は十分にあります。

ＤＶ妻の背後に隠れＤＶ夫がいることも

Ｃさんのように、妻が一方的な加害者というケースもコロナ禍《か》になって増えてきています。

しかし、男性から「妻のＤＶがひどい」という相談があった場合、双方の話をよく聞いてみると、じつは夫のほうが加害者だったということもあるので、注意が必要です。

たとえば、こういう事例がありました。

外国人の妻を持つ男性から「妻がＤＶ加害者なので、ステップに通わせたい」という電話がありました。「どういうことをするのですか」と尋ねると、「手当たりしだいにものを投げるんです」とのこと。そこで、ご夫婦に一緒に来てもらい「カップル面談」を受けてもらいました。

そうして二人から話を聞くうちに、この夫婦の本当の姿が見えてきたのです。

夫のほうは、非常におだやかな話しぶりでまったく怒ったりしません。とても冷静です。しかし、ふたこと目には妻に対して「きみ、それは常識じゃないでしょ。日本ではそんなことやらないよ」といいます。まるで口ぐせのようにネチネチと妻のことを否定するのです。妻はそうして人前で1時間以上にわたって否定されつづけたことでイライラがつのり、ついに爆発して「なんであなたはそうやって私のことをいつも否定するのよ！」と怒鳴りました。

その様子を見て私は「あなたたちご夫婦の関係は、夫が加害者で妻は被害者です」と告げました。

夫は決してものを投げないし、叩きもしません。ただおだやかに否定しつづけるだけです。しかし、この夫のやっていることは、言葉の暴力であり精神的暴力です。多くの人は身体的暴力がないとDVではないと思っているため、言葉の暴力だけではDVだと気づかないのです。

このご夫婦のように、夫が妻の話をまったく聞かず、一方的に「お前は間違っている」と冷静におだやかにくどくどと妻のことをけなしつづけることで、妻の息がつまってしまうということはよくあります。理屈《りくつ》っぽい夫に言葉では太刀《たち》打ちできないため、ひたすら我慢するか、そうでなければ、この妻のようにものを投げたり叩いたりという暴力行為におよぶことになるのです。

つまり、夫が言葉で妻を追いつめてキレさせ、暴力に走らせるわけです。

このような場合、もともとの発端は夫の言葉の暴力であり、加害者は夫のほうになります。

DVが生まれる土壌――加害者の認知のゆがみ

「DV加害者がキレやすくすぐ暴力行為に訴えるのは、持って生まれた性格あるいは親から受け継いだ遺伝や気質だから、DV加害者は変わらない」

これがいま、社会の主流になっている考えです。

DV加害者の暴力行為は、はたして生まれつきなのでしょうか。

もしも生まれつき短気で暴力的であれば、誰かれかまわずすぐに暴力をふるうはずです。

しかし、**DV加害者の暴力行為は基本的にパートナーや子ども、あるいはペットなど身近にいる弱い相手にしか向けられません。**

そのように限られた対象にしか暴力を行使しないのであれば、生まれつき暴力的な人間とはいえません。

つまり、**生まれつきの性格や気質によってDV加害者になるわけでは決してないのです。**

それよりも、ＤＶ加害者の話を聞いていると、多くの人に共通する意識や体験のあることがわかります。

たとえばＤＶ加害者の９割は、自身が親のＤＶ行為を見たり、虐待を受けたりしながら育った「元被害者」です。つまり生い立ちのなかで、

「ものごとを解決するには暴力を使うもの」

というふうに刷り込まれた時期があるということです。

ＤＶ加害者の暴力行為は、こうした後天的に身につけた価値観や考え方の影響によるものと考えられます。

それでは、どのような意識がＤＶ加害者を生むのかを見ていきましょう。

▼暴力容認意識

子どもたちに人気のテレビ番組に戦隊ヒーローものがあります。基本コンセプトは、悪者相手に主人公たちが戦い、暴力によって解決することです。

また、子どもをしつけるのに暴力は必要だと考える親はたくさんいます。母親に対してすぐに手をあげる父親もいます。自身がしつけのためと親から暴力を受けたり、父が母を殴っている姿を見て、いうことを聞かないときは殴ってもよいのだ、という価値観を植えつけら

れていきます。このように子どもは、社会から、両親から学んでいきます。

そうした暴力容認の価値観に子どもの頃からさらされていると、「暴力で勝るほうが正義」という誤った価値観が刷り込まれやすく、それが「妻（夫）が悪いことをしたら、叩いていい」という考えにつながっていきます。

▼ジェンダーバイアス――「男らしさ、女らしさ」への強いこだわり

「ジェンダー」とは男女の生物学的性差（セックス）に対して、社会的・文化的につくられた性差のことであり、「ジェンダーバイアス」とは「男らしさ・女らしさ」という枠《わく》の中で生まれる「男（女）はそうあるべき」という偏見や差別などのことです。たとえば、

「夫は妻子を養うべき」

「妻は家事・育児をするべき」

「妻は夫に従うべき」

このような考え方には、男性は女性をリードするべきという価値観があります。

日本は男女格差が根強くあり、男性優位の社会といわれます。企業経営者や国会議員、組織のリーダーなどは男性が圧倒的多数を占めています。まさに「男が決め、女が従う」構図です。こうした現状から、誰もがジェンダーバイアスを植え付けられます。

加えて、DV家庭の子どもは両親からもジェンダーバイアスを学びます。

「誰のおかげでメシを食っていると思う」

これが、妻が夫からいわれていちばんつらい言葉です。妻が掃除をしない、と暴力をふるう夫すらいるのです。DV加害者の多くはDV家庭で育っていますから、内でも外でもジェンダーバイアスを目にし、知らないあいだに男尊女卑《だんそんじょひ》的な意識が身に染みついていきます。

「暴力容認」と並び「ジェンダーバイアス」という社会のゆがんだ考え方が、DVを生む土壌《どじょう》となっているのです。

▼力と支配

DV加害者の意識の根底には「自分のほうがパートナーより優れていてえらい」という優位性があり、それが「自分はつねに正しく、相手が間違っている」という考えになり、言葉や態度としてあらわれます。

そして、優位性の感覚を持っていると、パートナーのことを自分の「所有物」として考えるようになります。性的関係を持った瞬間から相手と一心同体のような感覚になって、「一心同体だから相手は自分のもの」

↓

「自分の所有物だから、相手は自分の思いどおりに動くべき」

↓

「自分の思うままに使える召使いや奴隷《どれい》」

という意識になっていくのです。

そして、自分に従うべき存在であるパートナーが反抗すると、そのことを罰するためにDVをおこないます。

じつは、こうした優劣《ゆうれつ》の意識による価値観は世の中にあふれています。

たとえば、上司と部下、先生と生徒、コーチと選手というような**立場的に上下のある関係には、「力と支配」が存在します。**劣位にある側は相手の力に敏感ですが、優位にある側は自分の力に無自覚です。上にいる者は下を指導するのは当たり前だと思い、自分ではそのつもりはなくても、結果的に下の者を力によってコントロールしています。

そうした世の中の習わしを見て、誰しも上の立場の人が下の立場の人より力を持っていて支配することができる、ということを自然に学んでいきます。

夫婦という男女関係の場合には、先ほどのジェンダーバイアスがかかりやすいため、「男である夫のほうがえらくて、女である妻のほうが劣《おと》っている」という夫側の特権意識が生まれやすくなります。

そこに暴力による支配が加わると、夫が妻に暴力をふるうＤＶ家庭になります。ＤＶ家庭で育った子どもは、父親が母親にえらそうにして怒鳴ったりしているのを見聞きすることで夫婦間にも上下関係が存在し、「夫は妻よりえらいんだ」と学びます。

人は必ず比較する。少しでも優位性を感じると、そこに支配が存在する

――「よい人間関係を築くためのお手伝いカレンダー」より

▼特権意識

そうして大きくなると、「男性である夫の自分のほうが、女性である妻より優れているのだから、自分だけが持つ権利がある」と勘違いしていきます。

「妻に心のケアをしてもらう権利」

「落ち込んだら励ましてもらう権利」

「性的欲求を満たしてもらう権利」

ＤＶ加害者は、こうしたゆがんだ特権意識を持っています。その権利が満たされないと、

つまり相手が自分の欲求を満たしてくれないと、「相手は罰せられて当然」と考えます。

たとえば、このように訴える加害者がいました。


「僕が仕事で早く起きても、妻は朝食をつくらないんです。母はどんなときでもちゃんと家族の食事をつくっていました。妻なのに働きに出る夫の食事をつくらないなんておかしい。夫を愛していれば食事ぐらいつくって当然です。

妻が当たり前のことをしないから、僕も厳しくいうことになってしまうんです」

こうした加害者の思考の背景にあるのが、

「夫には身のまわりの世話をしてもらう権利がある」

という特権意識です。この加害者の場合なら「妻は夫より早く起きて食事をつくるべき」という意識です。


そこに暴力容認主義が加わって、妻に対して「なんでお前はやらないんだ」と怒鳴ったり、「だからお前は無能なんだ」と暴言を吐いたりして、ＤＶ行為におよぶのです。

なお、ＤＶ加害者が女性の場合は、たいてい**「自分は女性なんだから大切にされる権利がある」**という逆の特権意識を持っています。

▼被害者意識

ＤＶ加害者の９割は「悪いのは相手で、自分は被害者」「自分を怒らせるようなことを相手がしている」と思っている、と先に述べました。

初回面談で加害者だけから事情を聞いていると、真実はほとんど見えてきません。ほとんどの加害者は自分の悪いところはいわず、相手の悪いところをいうからです。

初回面談にはご夫婦そろって来るケースもありますが、たいていは被害者が「夫（妻）と一緒だと怖い」というため、まず加害者、次に被害者の順で面談します。そのため加害者のあとで被害者の話を聞き、初めて真実が見えてくるケースがほとんどです。

たとえば、ある加害者に「どうして別居されたんですか？」と質問したところ、「私がちょっといったことに対して妻がすごい剣幕《けんまく》でいい返してきて、さらに暴力をふるおうとしたので、私があわてて制止しようとして腕を強くつかんだら、それはＤＶだといわれたんです」との答えが返ってきました。後日、被害者に同じことを尋ねると、「その前から夫の暴言や暴力をずっと受けつづけていて、我慢の限界でその日初めてやり返したんです」。

このように、加害者はたいてい自分のしたことは省《はぶ》いて、被害者のやったことをいいます。加害者の話だけを聞いていると、「この人はどうしてここに来たのだろう」と不思議に思うほどです。

加害者が自分のしたことをいわないのは、嘘《うそ》をついているわけではなく、自分がやったことを覚えていないからです。どういうことかというと、加害者はつねに被害者の言動に焦点《しょうてん》を当てているため、自分がしていることはほとんど意識にのぼらず、記憶に残らないのです。「妻からこんなひどいことをされた」ということだけが意識され、「だから自分は悪くない」となり、結果、被害者感情が生まれることになります。

じつは、加害者には「暴力行為自体はよくないこと」と認識している人も少なくありません。しかし、「妻に原因がある」ため、自分のしていることが暴力行為だと結びつきにくいのです。

このように加害者は、相手の言動に焦点を当てることが習慣化しているため、なにかにつけて「悪いのは相手、自分は悪くない」という論理になり、被害者意識がどんどん強くなっていきます。

ちなみに、ステップに来る加害者のうち１割の方は、初めから「自分も悪かった」という加害者意識を持っています。ただし、それはステップに来る前にネットなどで調べて「加害者の特徴」を知り、「自分も当てはまっている」ことに気づいていたからです。

ですから、**ほとんどの加害者が「自分は被害者」と思っています**。それほど加害者の被害者意識は強いのです。

自分の行為に焦点を当て、相手の気持ちに焦点を当てることが、怒りを生まないあり方

――「よい人間関係を築くためのお手伝いカレンダー」より

▼子どもの頃の傷つき体験（親からの虐待など）

多くの人は、成長する過程で「暴力はいけない」「暴力行為は犯罪だ」と学び、ゆがんだ価値観や認識のズレを修正していきます。

しかし、ステップに通ってくるＤＶ加害者の９割は、子どもの頃に親や祖父母、教師などまわりの大人の暴力を見たり（面前ＤＶ）、自身が暴力を受けたり（被虐待）して、実際に暴力にさらされた経験を持つ被害者です。

つまり、**「なにか問題を解決するには暴力を使っていい」**と、**身をもって教わってきたようなもの**。そのため、子どもの頃に面前ＤＶや被虐待経験を持つ加害者は１００パーセント、

次のようにいいます。

「父はいつも怒ったときに怒鳴っていました。だから、自分が怒っているとき、怒鳴る以外にどう表現したらいいのかわかりません」

つまり、怒りの感情表現を暴力以外に知らずに育つことで、家庭内における暴力は当たり前という意識を持ちやすくなるのです。

「妻を責めて怒鳴ったあとに、これはハラスメントになるのかなと思うことはあっても、自分も子どもの頃にされてきたと思うと、家族だからいいんだという考えになってしまうのです」

このようにいう加害者は決して少なくありません。

また、子どもが面前ＤＶや虐待を受けながら育つと心身に多大なダメージを受け、それがのちのちの人間関係に影響をおよぼすそうです。面前ＤＶによる影響については、第３章の「ＤＶの影響」で話しますので、ここでは自身が親からの暴力を受けながら育った場合の影響について説明します。

虐待関係にある親子には愛着（子どもが特定の他者に対して持つ情愛的な絆《きずな》のこと）がう

まく形成されず、**子どもは「愛されている」と感じられずに育つため、情緒《じょうちょ》や対人関係に問題が生じる「愛着障害」の症状が出る**ことがあるといわれます。子ども時分だけでなく、大人になってもです。たとえば、こんなふうに。

・猛烈《もうれつ》なさびしさから、パートナーに過度に依存する

・人をなかなか信じられないため、少しでも期待が裏切られたと感じると、悲しみや怒りの感情が爆発して自分をコントロールできなくなる

・攻撃的になって相手を傷つけても、落ち着くとなぜ自分が攻撃的な行動をしたのか理解できず、死にたくなるほど落ち込む

虐待経験を持つ加害者の多くは、こういいます。

「怒って暴力行為をしたあとには罪悪感で落ち込み、この世から消えてしまいたくなります。それでも、くり返してしまうのは、怒りをコントロールすることができず、それを表現する方法も暴力しか知らないからです」

このように、幼少期に虐待を受けつづけると、それがトラウマ、心の傷となって心身にさまざまな影響をおよぼすとともに、暴力の記憶が潜在意識に刷り込まれます。そこに、力と支配や暴力容認、ジェンダーバイアスなどの社会意識が加わり、ＤＶが潜在化する傾向にあります。

加害者になれたなら、加害者をやめることもできる

虐待によるトラウマを抱えている人が、誰に対しても暴力的になるのではなく、パートナーに対してのみＤＶをおこなうようになるのは、本来は両親に向かう怒りが家族であるパートナーに向かってしまうためでしょう。

「ラストストロー現象」という言葉をご存じでしょうか。たくさんの荷物を背中に積んだラクダが、最後にワラ（英語でストロー）１本の重みが加わったことで倒れてしまいます。このときラクダを倒したのは１本のワラが原因のように見えますが、じつは真の原因はそれまでに積んでいた大荷物のほうなのです。

ＤＶ加害者が些細《ささい》なことでキレるのも、これと同じです。それまで心にたまりにたまっていた怒りが、わずかなことをきっかけに爆発してしまうのです。

パートナーに声をかけたのに返事が返ってこないとき、つらかった過去の体験（父親から返事をしてもらえなかったなど）がよみがえって重なってしまう。「相手は聞こえなかったのかもしれない」とは考えられずに、「自分を無視している。自分を愛していないんだ」と受け取って逆上し、その感情を抑えきれずに怒鳴ったり叩いたりしてしまうのだと思います。

加害者に「DV行動の原因はなんだと思いますか?」という質問をすると、「子どもの頃の心の傷」と答える方がもっとも多いことからも、幼少期の虐待による傷つきが加害者の人生に大きく影を落としていることがわかります。

とはいえ、虐待の被害者だった子どもがみんな、長じてDV加害者になるわけではありません。親からの虐待を受けながら加害者になる人とならない人がいるのも事実です。

親からの虐待という「傷つき体験」からなにを学ぶかはその人しだいです。親から無意識のうちに暴力容認意識を学んでしまう人もいれば、親を反面教師として非暴力を学ぶ人もいます。

つまり、虐待を連鎖させるかどうかは、自分しだいということ。

加害者はみずから選んで加害者になるのです。

でも、だからこそ、DV加害者は変わることができます。

これまでの人生でどのような体験をしてこようとも、本人が「変わろう」という選択をすれば、変わることができるのです。

人に傷つけられたからといって人を傷つけてはいけない。みずから復讐《ふくしゅう》してはいけない。悪に悪を用いても解決にはならない
——「よい人間関係を築くためのお手伝いカレンダー」より

加害者は「ゆがみレンズ」で世の中を見ている

加害者には暴力容認意識や被害者意識、特権意識、ジェンダーバイアスなど、ゆがんだ価値観や思考があるとお話ししてきました。

ゆがんだレンズを通して世の中や被害者のことを見ているのです。そのため、相手がよかれと思ってしたことも悪く受け取り、怒りにつなげてしまうのです。

この**ゆがみレンズをはずさない限り、つまり、ゆがんだ価値観や思考を正さない限り、DV加害者は変わることはできません。**

ゆがみレンズを変える方法は、第4章でくわしくお話しします。

DVの怒りのメカニズム

「怒りは私たち人間が生まれながらに持っている感情であり、誰ひとりとして怒りを避けることはできない」

選択理論を考案したグラッサー博士の言葉です。

つまり、「怒りは生まれながらにプログラムされた感情」であり、決してDV加害者が特別というわけではありません。また、グラッサー博士は、

「怒りの感情は、自分の期待していること、つまり欲していること（欲求・願望・理想）と、現実（実際に手に入っているもの）とのギャップによって生じる」

ともいっています。

当たり前ですが、相手に対する期待が大きいほど、それがはずれたときの怒りは大きくなります。DV加害者は「パートナーが自分の欲求を満たすべき」という考えを持っています。つまり、パートナーに過大な期待を抱いています。

そのため、パートナーが自分の思うように欲求を満たしてくれないと、大きな怒りを感じます。しかも、加害者には基本的に「自分が正しく、従わない妻が悪い」という考えがある

ため、妻を無理にでも従わせようとして暴力行為におよぶことになるわけです。

これがＤＶ加害者特有の怒りのメカニズムであり、怒りによってもたらされる「怒り行動」が、すなわちＤＶです。

傷ついた心を放っておくと怒りになる
怒るときにはどこかで傷ついている
——「よい人間関係を築くためのお手伝いカレンダー」より

「５つの基本的欲求」——誰もが持つ欲求だが、度合いが異なる

人は自分の期待や理想が叶《かな》わないと怒りを感じるといいました。この期待や理想の根底にあるのが「基本的欲求」です。

私たちは誰でも「基本的欲求」を持っています。これは生まれながらにして誰でも持っている欲求で、選択理論では「人は基本的欲求を満たそうとして、なにか行動することを動機づけられる」と考えています。

また、この動機づけは自分の内側から起こるもので、外側からではありません。たとえば、**「電話が鳴ったから受話器をとる」**のではなく、**「電話が鳴って私が出たいと思うから受話器をとる」ということ**です。

したがって、DV加害者が怒り行為をおこなうのも、基本的欲求に駆り立てられてのことなのです。たとえば、「妻が食事をつくらないから怒る」のではなく「空腹を妻によって満たしてほしいのに、妻がそれをしてくれないから怒る」のです。

基本的欲求をもう少しくわしく説明しましょう。グラッサー博士によると、**人間には「5つの基本的欲求」があります。**「愛・所属の欲求」「力の欲求」「自由の欲求」「楽しみの欲求」「生存の欲求」の5種類です。

また、**これらの基本的欲求の強さは人によって異なります。**5つの基本的欲求ごとに、各自が大きさの異なるカップを持っているイメージだとわかりやすいでしょう。たとえば、デミタスカップ、レギュラーカップ、マグカップ、タンブラー、ビールジョッキ。それぞれを満たすのに必要な水の量は、それぞれ異なりますね。

たとえば、「愛・所属の欲求」がビールジョッキ並みに強い人を満たすには、たくさんの量が必要。つまり、パートナーとかたときも離れずにいることを望みます。

一方、この欲求がデミタスカップ並みの人を満たすには少量あればＯＫ。つまり、パートナーと少し一緒にいるだけで十分で、むしろひとりでいることを好む傾向があります。

自分の欲求の強さについて知ることで、気分が悪いときはどの欲求が満たされていないのか、気分がよいときはなにが満たされているのかがわかります。ＤＶ加害者にとってそれは、怒りをコントロールするカギとなります。

次ページに「５つの基本的欲求」チェックリスト（図表５）を載せたので、実際にやってみましょう。あなたの基本的欲求の傾向がわかります。また、あなたから見たパートナーについてもチェックしてみると、二人の傾向の違いもわかりますので、ぜひ試してください。

自分と相手の違いを明らかにする５つの観点

この５つの基本的欲求について、くわしく見ていきましょう。

▼愛・所属の欲求

これは「愛したい・愛されたい」という欲求です。

図表5　「5つの基本的欲求」チェックリスト

「5つの基本的欲求」は誰もが持つ欲求であり、人によってそれぞれの欲求の度合い（強さ、弱さ）は異なります。以下の質問にあてはまるものに○をつけて、あなたとパートナーの傾向とズレをチェックしてみましょう

▼愛・所属の欲求

		自分	パートナー
1	近所の人に自分から挨拶する		
2	1人で遊ぶより誰かと一緒に遊びたいタイプ		
3	仕事を選ぶとしたら、人と接する仕事を選ぶ		
4	他人から嫌われないよう気をつけている		
5	困ったときには1人で考えるより、誰かに相談したい		
6	初対面でも自分から話しかけることができる		
7	友人に誘われたらなるべく行こうと思う		
8	他人が苦しんでいるのを見ると助けてあげたくなる		
9	自分の意見よりグループみんなの意見を大切にする		
10	友人、知人は多いほうだと思う		

	自分	パートナー
1～10の○の数÷2＝		

▼力の欲求

		自分	パートナー
11	計画したことは実行するタイプ		
12	自信のないテストはできれば受けたくない		
13	間違いをあまりせず、完璧を目指すタイプ		
14	自分が話題の中心でいられるとうれしい		
15	競争するからには、勝ちたい気持ちが強い		
16	自分の力や才能をまわりの人のために使いたい		
17	どちらかというとリーダー役になることが多い		
18	夢や目標に向かって努力したい		
19	反対意見をいわれると、とても気になる		
20	人の役に立つことができると、とてもうれしい		

	自分	パートナー
11～20の○の数÷2＝		

▼自由の欲求

		自分	パートナー
21	スケジュールが詰まっていると気持ちが重い		
22	人の意見にあまり左右されない		
23	自分のやり方やペースで作業できると楽しい		
24	したくないことをさせられるのは、とてもイヤ		
25	のんびり時間を過ごすことがとても大切だ		
26	前もって決められていることをするのは無駄な感じがする		
27	自分なりのやり方で課題をこなしたい		
28	決められた通りにしなくてはいけないことがあると、とても苦痛		
29	安定した生活より、自由のある生活のほうが重要だ		
30	深い話のできる友人の数はあまり多くない		

21 ～ 30 の○の数÷ 2 ＝ 自分 □ パートナー □

▼楽しみの欲求

		自分	パートナー
31	ものごとに熱中しやすいタイプ		
32	笑うことや、お笑い番組などは好き		
33	とりあえず楽しいことを優先してやる		
34	いろいろなことに幅広く興味がある		
35	趣味が多い		
36	人から変だとか、変わっていると思われるくらいがよい		
37	生きていくうえで「遊び」は必要だ		
38	調べものや実験など、探求することが好き		
39	ＣＭやネットで見た新商品はとりあえずチェックしてみたい		
40	新しいことを学ぶのは楽しいことだと感じる		

31 ～ 40 の○の数÷ 2 ＝ 自分 □ パートナー □

▼生存の欲求

		自分	パートナー
41	やったことがないことより、慣れていることをするほうが好き		
42	お金は使うよりも貯めておきたいタイプ		
43	危機を感じることには、できるだけ近寄りたくない		
44	安定した人生を歩めたらよいと思う		
45	目の前の楽しみより、将来の安定のほうが大切		
46	健康に気を配った食事や生活をしている		
47	いま必要なことだけを確実に身につけていきたい		
48	適度な運動を心がけている		
49	初めての場所は迷わないように下調べしたり、行きに通った道を帰る		
50	スリルやワクワク感よりもリラックスできる時間を好む		

	自分	パートナー
41 ～ 50 の○の数÷ 2 ＝		

▼まとめ　点数を書き込みましょう

	自分	パートナー
愛・所属の欲求		
力の欲求		
自由の欲求		
楽しみの欲求		
生存の欲求		

出典：日本選択理論心理学会

この欲求は、人と一緒にいたり、話をしたり、身のまわりの人間関係がスムーズであたたかいものであるときに充足されます。友だちや仲間がほしいと思うのもこの欲求によるものです。

グラッサー博士は、５つの欲求の中でも「愛・所属の欲求」がもっとも重要だといいます。なぜなら、「愛・所属の欲求」だけは、他者の協力がないと満たすことができないからです。

▼力の欲求

この欲求には４つの要素があります。

１つは**「承認欲求」**。これは、「(自分のことを)理解してほしい」「認めてほしい」という欲求です。

じつは、ステップに通ってくるＤＶ加害者は例外なくこの承認欲求が非常に強い。誰もが「人からわかってもらいたい、理解してもらいたい」といいます。「それでは、どのくらい理解してほしいですか」と問うと、みなさん「１００パーセント」と答えます。

しかし、それは現実的に無理です。**人が相手を理解できるのはせいぜい30パーセント程度**といわれています。そのことを加害者の方に伝えると、多くの人が「それならすでに妻に理解してもらっています。僕が間違っていたんですね」といいます。加害者は間違った概念を持っているために怒りを出していることがとても多いのです。

2つめは**「達成欲求」**。自分で目標を決め、それをなしとげたいという欲求です。起業家にはこの欲求の強い人が多いものです。

3つめは**「競争欲求」**。「ほかの人に勝ちたい」「ほかの人よりうまくやりたい」という欲求です。

この欲求は、他人と自分とを比較して優位に立とうとする「競争意識」を生みます。この欲求の強い夫は「妻に負けたくない」という気持ちになり、自分のほうが口ではかなわないと、妻の口を封じるために暴力をふるったり首を絞めたりするようになります。

そして4つめは**「貢献欲求」**。これは「役に立ちたい」「相手に尽くしたい」という欲求です。この「貢献欲求」の強い妻と、自分に従わせたいという「達成欲求」の強い夫とが一緒になると、みごとにDV関係が生まれます。

これら4つが「力の欲求」です。「力の欲求」の強い人はタレントや俳優、歌手、政治家などの職業を選ぶことが多いようです。

人は思っていることの60パーセントしかいえない。相手はその60パーセントしか聞けない。最終的には30パーセントしか理解できない

――「よい人間関係を築くためのお手伝いカレンダー」より

▼自由の欲求

第1章で、ＤＶ夫婦の関係を車の運転にたとえて説明したことを思い出してください。「自由の欲求」というのは、いわば「自分のハンドルは自分で握りたい」という欲求、つまり「自分の思うように決めて生きていきたい」という欲求です。

人から強制されたり、命令されたり、管理されたりすると息苦しく感じるのは、この欲求が関係しています。

この欲求の強い人は、独りでいて充足できる人です。ですから、妻が「愛・所属の欲求」が強くて、夫が「自由の欲求」が強いと、つねに妻はイライラすることになります。

妻にとって愛するということは一緒にいたり話をしたりすることです。一方、夫は愛情がないわけではないけれど、つねに人といると疲れてしまうので、できるだけ独りでいたい。

そのため、たとえば休みの日に妻が「お花見に行かない？」と誘っても、「いや、僕は部

屋で本を読みたいから、行っておいでよ」となる。そうすると、妻としては「愛されていない」と思ってしまい、つねにイライラすることになってしまうわけです。

妻が「夫に愛されていない」という不満を抱えて相談にくる場合、「それは欲求度の違いなんですよ」と説明すると、それだけで解決することがあります。

夫婦のうち一方は「愛・所属の欲求」が強く、もう一方は「自由の欲求」が強い場合には、それぞれの欲求を理解して調整し合うことが必要です。

▼楽しみの欲求

これは、学びを通して成長したい、人生を楽しみたいという欲求です。趣味が多く、いろいろなことに興味がある方、あるいはオタク的にとことん追求したい方などはこの欲求が強い人です。お笑い番組が好きな方も同じです。

グラッサー博士は「私たちは、ほかの動物よりも多く、よりよく学んだ人の子孫」であり、「楽しみ（の欲求）は学習に対する遺伝子の報酬《ほうしゅう》である」といっています。

また、「楽しみは笑いによっていちばんよく定義される。愛し合っている人々は、お互いについて多くを学んでいる。そして彼らはほとんど絶え間なく笑っている」「結婚が傾きはじめたら、楽しみが最初に失われる。これは気の毒なことだ。なぜなら、楽しみはもっとも満たしやすい欲求であるからだ」とも語っています。

そして「いい関係を持つ最善の方法」として「一緒に学習する楽しみを持つこと」とアドバイスしています。

▼生存の欲求

これは簡単にいえば、生きながらえようとする欲求です。

ここまで見てきた４つの欲求はすべて精神的欲求ですが、生存の欲求は、睡眠欲、食欲、性欲、安全欲、健康欲など心身的欲求です。

この欲求の強い人は、健康で長生きしようと努力をします。ですから、ちょっと体調を崩してもすぐにお医者さんにいきます。また、危険なこともしません。バンジージャンプのようなものは楽しみの要素が強くても、決してしようとしません。そして、将来の安全を担保するためにお金を貯めます。

ＤＶ加害者は「力の欲求」が強い

人はこれらの「基本的欲求」を満たすために生きています。そして、ＤＶ加害者の場合、

「力の欲求」が非常に強いという共通点があります。

DVのきっかけとなる出来事はじつは表面的なことで、深層心理にあるのは「力の欲求」が満たされていないことへの不満です。だから、暴力を使ってでも相手を変えて、それを満たそうとするのです。

また、同じDV加害者であっても、仕事で認められているか認められていないかで、DVの度合いが異なります。**仕事で認められていない人はその不満を妻に認められることで満たそうとするため、DVがひどくなる**傾向があります。

「上質世界」――それぞれが持つ理想の世界

私たちは「基本的欲求」が満たされることで満足していい気分になりますし、いつもいい気分でいたいのでつねに欲求を満たすよう行動をしています。私たちは、欲求を満たさずにはいられないのです。

ところが、私たちは「基本的欲求」そのものについて、実際に意識できているわけではありません。意識できるのは自分の気分であり、できるだけいつもいい気分でいたいと思っている、ということです。

選択理論では、「基本的欲求」のことはわかっていなくてもそれを満たせるよう、私たちの脳の中には、成長する過程で出会った**自分にとって気分のよいものや心地よいものをストックしている場所があると考え、それを「上質世界」と呼んでいます。**

「上質世界」は、生後すぐに各自がつくりはじめる個人的な世界で、基本的欲求を満足させてくれる人やもの、出来事、価値観を、まるで写真のように具体的なイメージとして保管しているアルバムのようなところです。イメージ写真はおもに「人」「もの・出来事」「考え・信条」の３つの領域に分けられます。いいかえると、**基本的欲求を「どのような人によって」「どのようなものや出来事によって」「どのような価値観によって」満たされたいか、ということです。**

たいていの場合、「上質世界」というアルバムに貼られる最初の写真は母親です。しかし、たとえ同じ家庭で育った兄弟であっても、上質世界がまったく同じということはありません。そもそも「基本的欲求」の強弱は人によって異なりますし、出会う人やものなど経験も人によって異なるからです。

ですから、「上質世界」の「上質」というのは一般的な意味ではなく、その人個人の「願望」や「理想」のことです。それは健全なものばかりでなく、不健全なものもあります。

私たちは、**「上質世界」**という**「理想の世界」**に入っているものを得たいと思い、そのイ**メージ（願望や理想）にできる限り近くなる行動をしようと努力します**。

たとえば、「愛・所属の欲求」の強い人なら、「去年、手づくりのお弁当を持って夫と桜を見にいって、いろんな話をして楽しかった」というように、幸せなイメージが具体的に入っています。そして、「また今年も夫と一緒にお弁当を持ってお花見にいって楽しくおしゃべりをしたい」と強く思い、それを実行しようとします。

一方で、私たちは、**自分の上質世界に入っていないものには関心がなく、人から「やりなさい」といわれてもやる気になりません**。なぜなら、それをしても自分の基本的欲求は満たされないと感じるためです。

「上質世界」は、「基本的欲求」やこのあと出てくる「全行動」と並んで選択理論の大切な概念のひとつであり、グラッサー博士は「上質世界は私たちの人生でもっとも重要な部分」と語っています。

理想と現実とのギャップからDVが生まれる

さて、ＤＶ加害者の「上質世界」に入っているのは、たいてい「妻は夫に従うべき」とか「妻は夫が望めばセックスをする義務がある」などの不健全な価値観や考え方です。

しかし、こうした「べき思考」や「である思考」がしめる「上質世界」は自分が思うようには満たされません。なぜなら、**妻には妻の価値観による「上質世界」があり、夫のそれとは異なる**からです。人は自分の「上質世界」に入っていないことは、基本的にしたくないのです。

そうして、加害者は自分の願望や理想と現実とのギャップを埋めるために、怒り行動を使います。それしか知らないのです。

これは、**脳の中に「理想の世界」と「現実の世界」とを比べる天秤《てんびん》が**あると考えるとイメージしやすいと思います。

たとえば、「妻は夫に従うべき」という自分の理想に、妻が反発して叶えられないと、脳の中の天秤が傾きます。すると、居心地が悪くイライラします。なんとかしてバランスをとって、脳の中の天秤をつり合うようにしようとします。

このとき方法は２つあります。理想を下げて現実に合わせる、つまり自分が相手に合わせるか。それとも、現実を理想にまで引き上げる、つまり相手を自分に合わさせるか。けれど、加害者にはつねに「正しいのは自分」という考えがあるため、「妻が自分の理想に合わせるのが当然」となります。

となれば、方法はひとつしかありません。妻を無理にでも自分の理想にまで引き上げること。そこで暴力を使って妻を変えようとするわけです。

自分のこだわりを相手に押しつけない
――「よい人間関係を築くためのお手伝いカレンダー」より

加害者がやっている「関係を破壊する致命的な7つの習慣」

ここまで選択理論によってＤＶのしくみを解説してきました。「５つの基本的欲求」と「上質世界」という観点からＤＶ行為や夫婦関係を見ると、「なぜＤＶをおこなってしまうのか」がよくわかります。

それに加えて、「外的コントロール」というものがあります。

グラッサー博士は、**人をコントロールしようとすることを「外的コントロール」**と呼び、「相手をコントロールして自分の望むことをさせようとする」ことを「外的コントロール心理学」と名づけています。ここでいう「心理学」とは、私たちが知らず知らずのうちに身につけている人の心や行動に対する考え方のことです。

ＤＶにおいては、加害者が被害者に対して習慣的によく使う考え方や方法ということであり、いいかえれば、**加害者に共通する習慣**ということです。

それではどのような習慣か見てみましょう。

▼習慣１　批判する

・「どうしてこんなこともできないんだ」
・「それじゃあダメに決まっているだろう」
・「お前は能なしだ」
・「母親失格だ」

加害者にはつねに「自分は正しい」という考えがあるため、相手が少しでも自分の考えややり方と違うことをすると、すぐさまダメ出しをします。相手をつねに裁いています。「自分がいってやらなくては」「相手のため」と思っているため、ＤＶ行為にあたるなどとはまったく思いもしません。

▼習慣2　責める

・「こうなったのはお前のせいだ」

・「お前が○○しないと、××になってしまうだろう」

このように、マイナスの結果はなんでも相手のせいにして責任転嫁します。その究極は、

・「俺が叩《たた》くのは、お前が怒らせるようなことをするからだ」

こうした思考のゆがみが、加害者に被害者意識を植えつけます。

▼習慣3　文句をいう

・「イライラする」

・「疲れたな」

・「やりたくない」

・「大嫌いだ」

相手に対する不平、不満だけでなく、自分のマイナス思考や感情を相手に伝える人がいます。こうした文句の裏には、相手に対する甘えがあります。

じつは、**文句ばかりいう人には、コンプレックスの塊《かたまり》で自分より弱い相手にしか文句をいわないという特徴があります。**深層心理では自信がなく、人に文句をいうことで自分が格上

の人間であることを確認するのです。

▼習慣4　ガミガミいう

・ガミガミ
・ねちねち
・くどくど

相手に一度いっても自分の要求が通らないと、同じことを何度でもくり返しいいつづけます。一晩中説教をしつづける加害者も珍しくありません。

数時間もの説教は、されるほうはもちろんですが、するほうも相当なエネルギーを要します。加害者はそれだけ相手をコントロールすることに日々エネルギーを費やしているのです。

▼習慣5　おどす

・「○○しないなら、別れる」
・「○○しないなら、金を渡さない」
・「おまえの実家に火をつけるぞ」

これは相手の弱みにつけ込んで、相手を思うように動かそうという考え方のあらわれです。

あらかじめ条件を出して、それを守らないとひどいことになると脅迫《きょうはく》する。冷静に考えればとても卑怯《ひきょう》なやり方ですが、加害者は思いどおりにならない相手をコントロールすることしか頭にないので、どのような方法でも平気でおこないます。

▼習慣6　罰する

・「○○したから、生活費を与えない」
・「○○したから、スマホを取りあげる」
・家族や友人に連絡をとらせない
・無視する

思いどおりにならなかったことを理由に罰します。こうした罰を与えることで、相手の行動が変わったように見えることがあります。しかし、それは罰を与えられている間だけのことで、相手の本質が変わったわけではありません。そのため、加害者はどんどん罰を与えつづけることになり、罰せられつづけることで被害者の心はどんどん離れていくという悪循環におちいります。

いうことをきかない娘に対する罰として、お風呂で逆さ吊《づ》りにしていたという加害者もいました。本人は「あくまでしつけの一環」と思っており、児童相談所の職員に指摘されるまで虐待だとは気づかなかったそうです。

なお、その加害者はしばらく妻や子どもと離れていましたが、ステップに通って学んだことですっかり考え方が変わり、いまはまた親子一緒に暮らしています。

▼習慣7　褒美で釣る

・花を買ってあげる
・ダイヤモンドを贈る
・ハワイ旅行をプレゼントする

厳しい罰を与えるなどして加害者自身も「やりすぎたかな」「悪かったかな」と感じると、フォローに転じることがあります。そのとき好んで使うのが、このプレゼント作戦です。ステップを卒業した加害者のなかに、妻を月に一度は高級ホテルに宿泊させ、記念日には大きなダイヤモンドを贈るという人がいました。

被害者はこうして優しくされると「やっぱり愛されているのかな」と思います。しかし、これも「下手《したて》に出るコントロール方法」で、仕組みは罰と同じです。

被害者は、褒美《ほうび》をもらったからといって、本質が変わったわけではありません。加害者にとっては、本来の目的である「相手が自分のしてほしいことをしてくれる」という取り組みは棚上げのままです。

そのため、ＤＶ行為をくり返しては相手に褒美を与えつづけるという、アメとムチのような方法で相手を支配し目的を達成しようとします。


ここまで加害者に共通する７つの習慣を見てきました。

グラッサー博士は、これらの習慣のことを**「関係を破壊する致命的な７つの習慣」**と呼んでいます。

この７つの習慣は、相手を思いどおりにするためのあの手この手の手段ですが、そうやって相手を外からコントロールしようと躍起《やっき》になることで、相手の心はますます遠のくことになります。まさに「関係を破壊する致命的な７つの習慣」なのです。

加害者がこの外的コントロールをできると勘違いをしている背後には「自分は正しい、相手は間違っている。だから、自分の思うとおりに相手を正しくコントロールしよう」という考えがあります。

ＤＶ加害者がこのゆがんだ思考をあらためない限り、夫婦の仲は遠ざかり、結果、加害者の欲求は満たされることなく、ますます怒りがつのっていくことになります。

怒ったらそこでおわり。相手は聞かない
怒りによってすべてを失う

――「よい人間関係を築くためのお手伝いカレンダー」より

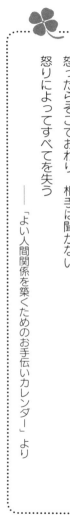

第３章

なぜＤＶから逃げられないのか——被害者の状況

DVを受けている自覚がない被害者

なぜ被害者はDVから逃げようとしないのか――これはDV被害者に対して多くの人が抱く素朴《そぼく》な疑問でしょう。

その答えは、実際にDV被害を受けていた方のお話をうかがうと、なんとなく見えてきます。プロローグでご紹介した中川亜衣子さんのお話を事例に、被害者の心理を読み解いてみましょう。

事例 警察官に指摘されるまで被害者だと気づかなかった

11歳年上の夫には、結婚当初「俺が上、お前は下」といわれました。でも、それは「亭主《ていしゅ》関白な人なんだな」くらいに感じ、楽観視していました。

けれど、結婚して間もなくのことです。夫からの頼まれごとを私がうっかり忘れたことで、夫がひどくキレて、怒鳴られてしまいました。

それからは、たとえば、とんかつのときに食卓にソースを出していないとか些細《ささい》なことで叱《しか》られるようになり、少しでも反抗的な態度を見せると「やることをやってないやつが、なにをむくれているんだ」とさらに怒りのスイッチが入ってしまいます。

いつまた叱られるかと思うと怖くて、何をするにも夫の顔色をうかがうようになりました。

夫が怒る頻度はだんだん増えていき、二人の休みが重なる週末は、「いかに夫を怒らせることなく平穏に過ごすか」ばかりを考えるようになりました。

内容もどんどんエスカレートし、説教が5時間以上におよぶことも。その間、「バカ」「死ね」などと言葉の暴力を受けつづけ、平手で叩《たた》かれたこともあります。夫から「わーわー」いわれつづけることで途中から意識がもうろうとして何も考えることができなくなり、とにかく「これ以上あおらないよう我慢《がまん》しよう」「なんとかやり過ごしたい」という一心で、ひたすら耐えていました。

でも、自分がDVを受けているという自覚はまったくありませんでした。

たとえば、夫に「こうしてほしいと何度もいったよね。なのになんでできないの。おかしいでしょ」と理詰めでいわれると、「たしかに、いわれたことをできない自分が悪い」「彼のいうことは正しい」と思えてくるのです。

それに、もともとは相手を好きなため、「この人にはいいところもたくさんある。それに、私のことを本当に考えてくれているからこそ、よくないところを指摘してくれているんだ」と思ってしまう。いまから考えるとそう思い込もうとしていたところもあったのだと思います。

というのは、当時の私の中に「夫にいいたいことがいえない、夫に束縛《そくばく》されるような女性は弱い、カッコ悪い」という認識があり、「自分がそうである」と認めることがどうしてもできなかったのです。

そうして「お前はダメなやつ」「生きている価値がない」といわれつづけるうちに、自分でも「自分は生きている価値がないのかもしれない」と思うようになりはじめていました。

「私たち夫婦は何かがおかしい」とは思うものの、「悪いのは自分」という気持ちがあるため、誰かに相談することは自分のことを棚に上げて相手の悪口をいっているようで、誰にも話すことができませんでした。それに、相談できなかったのは、自分が夫からそういう扱いを受けていると周囲に知られたくないというプライドのせいもあったと思います。

そうして「自分が変われば、相手も変わってくれる」と信じ、幼い娘のためにも「自分さえ我慢すれば」という気持ちでした。

けれど、どんどん精神的に追いつめられていき、やがて、

「話し合いでは勝てないし、そうかといって、このつらさを抱えつづけることはもうできない」

「子どももこんな揉《も》めている両親のもとで育っても幸せになれない」

「こんな家庭は終わりにしたほうがいい」

そう思うようになり、気づいたら娘を連れて家を飛び出していました。

そのときも「普通に歩いていて夫に見つかったらただじゃすまない」と思い、娘を抱えて裏山の崖《がけ》を登っていき、そこから警察に電話をしました。

しばらくするとパトカーが迎えにきてくれ、警察署でこれまでの経緯を話しました。

すると、じっと話を聞いてくれていた警察官がひとこと、こういったのです。

「それはりっぱなＤＶです」

その言葉を聞いて、私は初めてＤＶ被害者だと自覚できたのです。


亜衣子さんの事例は、無自覚だった被害者が、いかにＤＶに気づき、被害者になっていくか、という典型的なケースです。

亜衣子さんの話の中に、被害者の心理を読み解くキーワードがいくつかあります。


「悪いのは自分かもしれない」

「もともと相手のことを好き」
「ダメな自分を叱ってくれるのは愛情」
「ＤＶとは認めたくない」
「（嫌なこととは向き合わず）やり過ごしたい」
「（子どものためにも）自分さえ我慢すれば」
「（自分が変わることで）相手は変わってくれる」

このような気持ちが複雑にからみ合って、被害者はＤＶに無自覚になっていきます。亜衣子さんもいっているように、「何かがおかしい」とうすうすは感じていても、その気持ちにあえて蓋《ふた》をしてしまうのです。

そうして、被害者がＤＶ被害を認めなければ、ＤＶ問題は存在しないことになり、被害者は被害者でなくなります。

内閣府の調査では、約４割の女性がＤＶを受けても相談せず、その理由として、「相談するほどのことではないと思ったから」「自分にも悪いところがあると思ったから」などの理由が挙げられています（図表６）。

夫婦のあいだにＤＶ問題が存在しないのであれば、逃げる理由もないわけです。

図表６－１　配偶者からのＤＶを相談したか

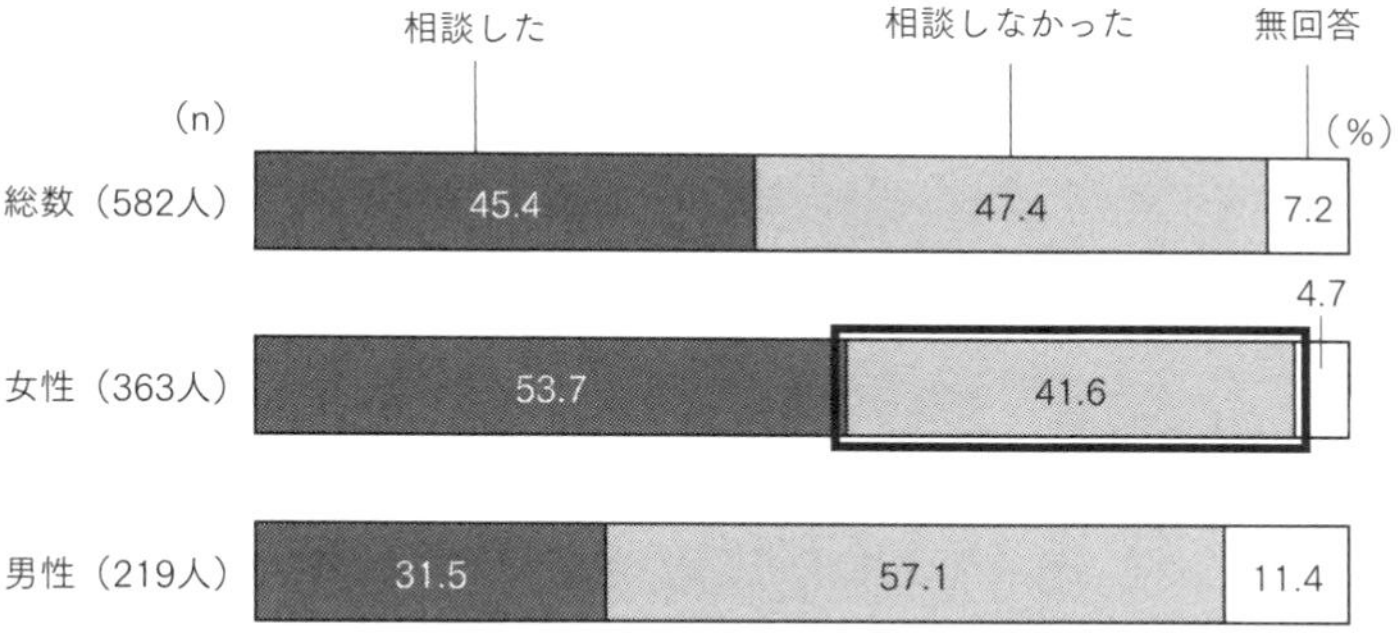

配偶者からのＤＶ行為について、約４割の女性が「相談しなかった」と回答

図表６－２　「相談しなかった」女性の理由

（複数回答、上位６項目）

・相談するほどのことではないと思ったから…… 45.7%

・自分にも悪いところがあると思ったから…… 25.2%

・相談してもムダだと思ったから…… 24.5%

・自分さえ我慢すれば、なんとかこのままやっていけると思ったから…… 20.5%

・別れるつもりがなかったから…… 16.6%

・恥ずかしくて誰にもいえなかったから…… 13.2%

出典：「男女間における暴力に関する調査報告書（令和３年３月）」内閣府男女共同参画局

また、逃げられない理由として、もうひとつ、「恐怖心」もあります。

亜衣子さんも逃げるときに「夫に見つかったらただじゃすまない」と恐れていたように、**「逃げたら殺されるかもしれない」という恐怖心から家を出る決心がつかない被害者も少なくありません。**

ここまで見てきたように、DV被害者の心理は、被害者がもともと持っている意識(たとえば「DVを受けるような女性は弱くてかっこ悪い」)と、加害者の言動によって植えつけられた意識(たとえば「正しいのは相手、悪いのは自分」)とによって構築されていきます。

先にもいいましたが、被害者は一種の洗脳状態にあるともいえます。

また、そもそも人間の心理として、強い精神的ショックを受けると自身の心を守るためにあえて感覚を鈍《にぶ》らせたり、現実逃避をしてしまうことがあります。暴力を受けつづけることで、被害者の多くは「もともとは優しい人だから大丈夫」とか「耐えていればいつか相手が変わってくれる」などと現在起きていることからあえて目を背《そむ》け、過去や未来のことに意識を向けるようになり、結果、DVから抜け出せなくなってしまいます。

そして、そのように相手に従い自分を守ろうとする気持ちから、しだいに被害者は相手に依存するようになり、「共依存的関係」になっていくといわれています。

共依存の関係になると、被害者は「相手を受け入れられるのは自分だけ」「**自分が支えてあげなければ**」**という使命感を感じる**ようになり、「逃げ出したらかわいそう」と思い込むようになります。このようなダメな自分のそばにいてくれる人は夫しかいない。愛されているんだ、と思うようになります。

さらに、子どもがいたり、経済的暴力を受けるなどして**自由になるお金がなく経済的不安があったりすると、なおさら「逃げる」という意識が遠のきます。**

たとえば、医師の夫からＤＶを受けていた女性は、行政の窓口に相談して「ＤＶ被害者」であることを自覚し、そのことを夫に伝えたものの「それなら子どもを置いてお前ひとりで生きればいい。でもホームレスになるのがおちだろう」と切り返され、それ以上、なすすべがなくなってしまったと話していました。

なお、その方はその後、心に変調をきたし、夫に打ち明けてから半年以上経って、やっと実家に戻ることができました。

このようなことを考え合わせると、「被害者はなぜＤＶから逃げないのか」ということも理解できるのではないでしょうか。

被害者が抜け出せない「DVサイクル」

じつは、加害者の多くは毎日毎日DV行為をやっているというわけではありません。これまで述べたように、加害者がキレるのはたいてい些細なことが原因です。そうした些細な出来事によってわいてくる小さな怒りの感情を日頃からためていて、ある程度それが蓄積されると、一気に爆発して加害行為におよびます。

そして、**DV行為によって怒りのエネルギーを一気に発散してしまうと、気持ちが落ち着き冷静さを取り戻します。すると、**「ちょっとやりすぎたかな」とか「悪いことをしたな」という気持ちになって、**相手に優しく接するようになったりします。**

加害者の心理としてはさまざまで、こんなふうにいう人がいます。

「あくまで正しいのは自分なので、優しくしてやろうという気持ち」

「暴力が悪いことだということは自分でもわかっているので、いけないことをしたなという気持ちになり、その償《つぐな》いのつもりで優しくなる」

いずれにしても、DV行為によって怒りを発散させると、たいてい加害者はおだやかになります。この時期に、被害者に花や宝石などの贈り物をして「褒美で釣る」加害者もよくい

図表7　ＤＶにはサイクル（周期）がある

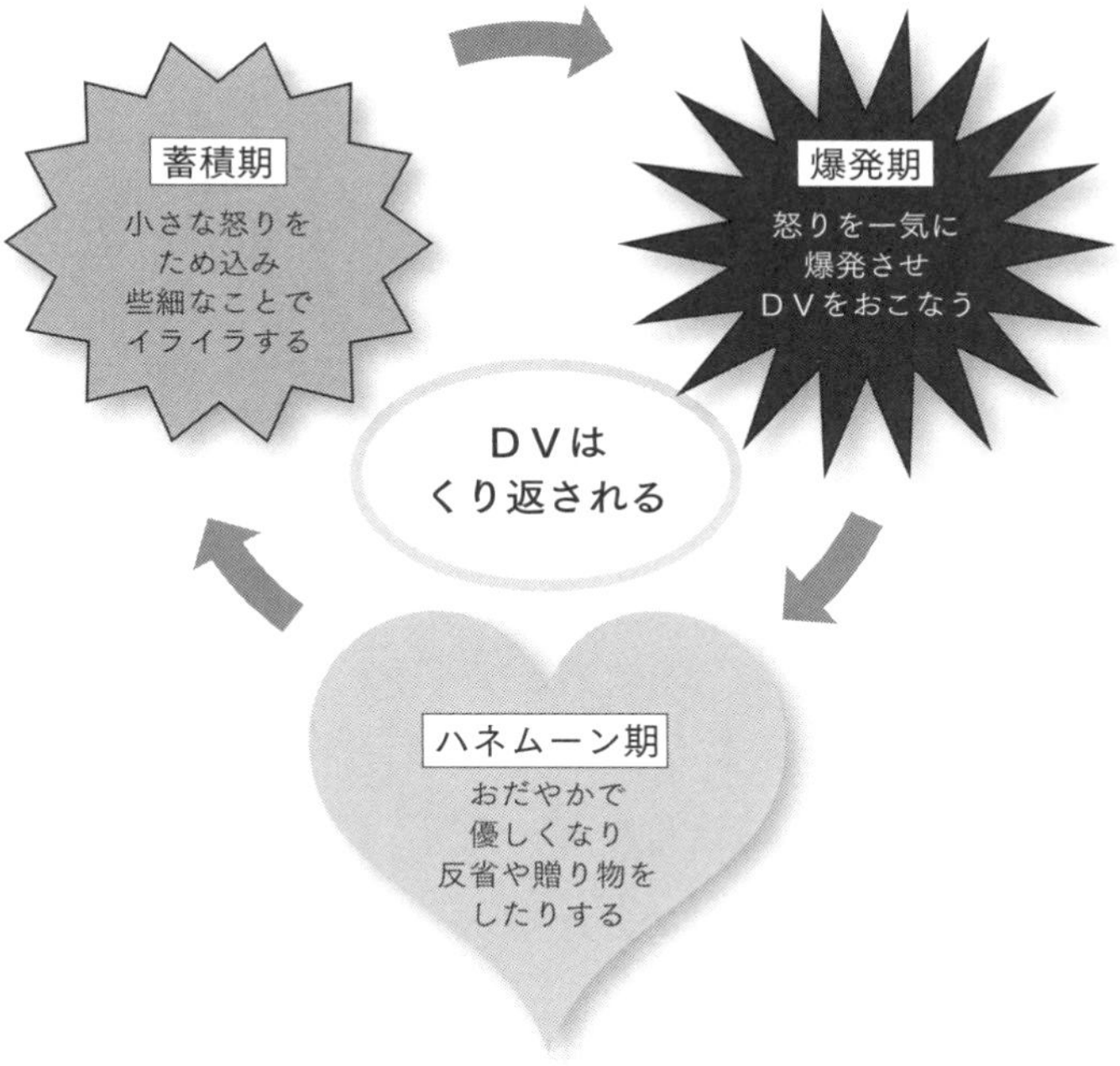
蓄積期
小さな怒りを
ため込み
些細なことで
イライラする
爆発期
怒りを一気に
爆発させ
ＤＶをおこなう
ＤＶは
くり返される
ハネムーン期
おだやかで
優しくなり
反省や贈り物を
したりする

ＤＶサイクルに被害者はどれが本当なのかと混乱してしまう
ＤＶ関係が長くなると、このサイクルは短くなってくる

出典：NPO法人 女性・人権支援センター ステップ

ます。第2章で見た、「関係を破壊する致命的な7つの習慣」のひとつです。

つまり、DVには、

怒りをためる「蓄積期」→「爆発期（＝加害行為）」→加害者がおだやかで優しくなる「ハネムーン期」

というサイクル（周期）があるのです（図表7）。

そして、このサイクルが、被害者を混乱させる要因のひとつにもなっています。

つねに暴力をふるわれていれば、被害者も早晩「これはDVだ」と確信せざるをえないでしょう。まれにハネムーン期がなく、蓄積と爆発をくり返す加害者もいます。その場合、妻は早々に疲れてしまい、「別れたい」と真剣に考えます。

ほとんどの場合は、加害者が驚くほど優しくなるハネムーン期があります。被害者はもともと相手のことを好きという気持ちがあるため、優しくされることで「やっぱり愛されているんだ」と思い、「つらい」とは感じていても「DVを受けている」という認識にまではなかなかいたらないのです。

そうして、「相手は自分のためを思って叱ってくれている。だから自分が変われば、相手も変わってくれるかもしれない」という期待を持つようになります。

ただ、**DV関係が長くなってくると、そのサイクルは短くなる**傾向があります。1日のうちに蓄積期↓爆発期↓ハネムーン期がやってきて、「さっきまであんなに優しかったのに急に殴《なぐ》られた」というようなことが起こるようになります。

このようになると、被害者は加害者に対してどのように接すればいいのか、ますます混乱するようになります。

それでもハネムーン期がめぐってくることで、踏みとどまってしまうのです。

ＤＶの影響——無気力、自殺願望、うつ、ＰＴＳＤ

ＤＶによって被害者の受けるダメージは、身体的暴力によるケガだけではありません。被害者は本来なら安心できるはずの家庭において、愛するパートナーからまったく理不尽な暴力を受け、逃げることもできず、相談することもできず、物理的にも精神的にも孤立した状態になってしまいます。

そのような状況で、いろいろな暴力を受けつづけることで、被害者の心身にはさまざまな影響があらわれます。

たとえば、加害者のＤＶ行為は一貫性のない、それも些細な理由によって起こるため、被害者はどう対処すればいいかわからずに混乱し、つねに不安と緊張が高まった状態になっています。夜よく眠れないなど睡眠障害におちいり、ひどくなると昼夜が逆転して家事や仕事ができなくなることもあります。

また、暴力をふるわれつづけることで、**被害者は「自分は夫から離れることができない」「助けてくれる人は誰もいない」といった無気力状態になり、考えたり決断したりすることができなくなったり、マイナス思考から自殺願望が強くなったり**します。

加害者に支配されつづけることで結果的に相手に依存するようになっていたことから、加害者と別れたあと、ほかの誰かに依存するようになったり、アルコール依存症になってしまうこともあります。

さらに、子どものいる場合には、**加害者に対する恐怖心から判断力や感情が麻痺《まひ》してしまい、加害者にいわれるまま、あるいはみずから子どもを虐待《ぎゃくたい》してしまう場合があります。**

親がDV関係にある場合、子どもは加害者からも被害者からも虐待の対象になることが少なくありません。

このように、被害者はDVによって身体的、精神的、社会的、経済的な苦痛を受けつづけており、**心身が休まることがなくつねに強いストレスを抱えた状態にあるため、**その状態が引き金となってしばしば「**うつ状態**」になってしまいます。実際、被害者の約4~6割はうつ病の状態におちいってしまうことが知られています。
ステップのシェルター時代の被害者も全員にうつ症状があり、安定剤や睡眠薬などなにかしら薬を服用していました。

うつ状態になると、気分が落ち込んでゆううつになる、意欲が低下する、集中力が低下する、自分に自信が持てなくなってしまうなどの症状や、「離人症《りじん》」といって、周囲の出来事や人々、自分自身に対して現実感がなくなり、夢の中にいるような奇妙な感じにおそわれたり、自分が自分の心や身体から離れ、自身の観察者になるような精神状態になることもあります。

「暴力を受けるのは自分が悪いからだ」と自分を責めてしまうのは、うつ状態におちいっている可能性があります。ほかにも、眠れない、疲れやすい、だるいといった身体的な症状があらわれることもあります。

また、暴力をくり返し受けることによって、ＰＴＳＤ（心的外傷後ストレス障害）におちいることもあります。

ＰＴＳＤは地震や台風といった自然災害や大事故、暴力的な犯罪被害などのあとに生じる精神疾患《しっかん》ですが、ＤＶ被害によっても発症することが知られています。

ＰＴＳＤの症状としては、自分が意図しないのに原因となったつらい出来事がくり返し思い出され、強烈な恐怖感、無力感などに支配されます。

また、あらゆる物音や刺激に対して過敏に反応し、ちょっとしたことで驚いたり急に涙ぐんだり、落ち着きがなくなったりするなど感情のコントロールが難しくなるほか、悪夢をくり返し見たり、眠れなくなったり、以前は楽しんでいたことへの関心が薄れ、幸福感や満足感を覚えられなくなったりすることもあります。

被害者の中にはうつ病とＰＴＳＤとを併発してしまうこともあり、ＤＶによる精神的ダメージは非常に深刻であることがわかります。

なお、ＰＴＳＤを発症すると、脳の恐怖記憶の消去に関係する「左眼窩《がんか》前頭皮質《ぜんとうひしつ》」という部位が萎縮《いしゅく》することがわかっているそうです。つまり、**脳はＤＶを受けると物理的に変形してしまうことがある**ということです。

ＤＶが子どもにおよぼす深刻な影響

子どもが親のＤＶを見ながら育つと、さまざまな心身の症状があらわれ、人格形成に多大な影響を受けることがあります。

たとえば、つねに緊張を強《し》いられるため、安心感や安全感が育ちにくくなります。とくに、乳児期からＤＶにさらされていると、おおよそ2歳頃までの環境によって身につくとされる「基本的安心感」を獲得《かくとく》できず、その後の人生で人を信頼するのが難しくなり、人間関係のトラブルなどさまざまな問題につながるとされています。

また、つらい現実から逃れようとして、空想の世界へ逃避したり、激しい怒りの感情を持つようになるともいわれます。

幼い子どもは自分のまわりで起こることを「自分のせい」と思ってしまいやすい傾向があります。そのため両親の不仲も「自分のせいだ」と自分を責めてしまいがちです。そして、被害を受けている親を守れない自分に罪悪感や無力感を覚え、自己評価が低くなり、自尊心が育たなかったり、空虚感や孤独にさいなまれるようになったりするようです。

そうした心理的影響によって、頭痛や腹痛、夜泣き、夜尿《やにょう》などの症状が出たり、情緒不安定になって不登校になったり、リストカットなどの自傷《じしょう》行為におよんだり、家出をすることもあります。いじめや摂食障害、自殺企図《きと》などの問題行動の背景に親のＤＶがあることも少なくありません。

面前ＤＶによっても脳が変形してしまうという報告もあると聞きます。面前ＤＶを目撃して育った人は、そうでない人と比べて、脳の視覚野の一部で夢や単語の認知などに関係する

「舌状回《ぜつじょうかい》」と呼ばれる部位の萎縮が見られたそうです。視覚野が萎縮すると、会話をする相手の表情が読み取れなくなり、コミュニケーションをとる際に支障が出ることになります。

もうひとつ、子どもに与える深刻な影響として、暴力を目撃しながら育った子どもは、自分が育った家庭での人間関係のパターンから感情表現を学び、問題解決の手段として暴力を使うよう学習しがちです。男の子は父親を、女の子は母親を身近なロール（役割）モデルとして成長するため、とくに父親によるDV家庭に育つと、男の子はDV加害者に、女の子はDV被害者になりやすくなるのでしょう。

なお、DVによって子どもに心的外傷（トラウマ）を与えることは、子どもへの心理的虐待に該当します。

DV家庭に育つ子どもは、面前DVによる影響と親からの虐待による影響との両方を受けることも多く、それだけ深刻なダメージを心身に抱えることになります。ステップに通ってくる加害男性の9割がDV家庭で育っているということからも、そのことがわかるのではないでしょうか。

「逃げなさい、別れなさい」では解決しない

被害者がいよいよ加害者のもとから逃れることを決心するのは、「ＤＶ被害者だ」という自覚があってもなくても、「これ以上はもう無理」という我慢の限界を超えたときです。心に変調をきたしたり、「このままだと殺される」という命の危機を感じたりするほど逼迫《ひっぱく》した状況に追い込まれて、という人も少なくありません。

被害者がそこまで追いつめられないと逃げる決心がつかなかったり、いったんは逃げても別れるまでにいたらなかったりするのは、この章の冒頭でお話ししたとおりです。

そうして被害者が加害者のもとから逃げて家を飛び出した場合、被害者が仕事を持っていれば、なんとか自力で暮らしていけます。

しかし、被害者が専業主婦の場合、日頃から少しずつでもへそくりをしていたり実家など頼る先があればなんとかしようもありますが、夫から経済的暴力を受けていて自由になるお金がまったくなかったり、頼るあてがなかったりすると、たいていは警察や自治体の配偶者暴力相談支援センターなどを介《かい》してシェルターで保護されることになります。

プロローグでもふれましたが、ステップは２００１～２０１５年まで15年間シェルターを運営していました。その当時、ステップに駆け込んでこられたのは基本的に市役所から紹介された女性たちで、年齢的には20～60代までと幅広く、その全員が離婚を望んでいました。

かつても現在も、行政の窓口や多くのシェルターでは「ＤＶ加害者は変わらない」という認識のもと、相談員が被害者に対して「別れたほうがいい」とアドバイスし、被害者の自立支援をおこなうことが少なくありません。

ステップでも同じで、２０１１年に加害者更生プログラムを立ち上げるまでの約10年は、被害者に対してまず「逃げるか、別れるか」の選択肢しかないことを伝えていました。離婚を希望する場合には、加害夫と別れても暮らしていけるようアパートなど住むところを見つけて就労支援をし、自立へのサポートをおこなっていました。

しかし、シェルターに駆け込む被害者は心身に傷を負い、加害者から離れていても「見つかったら大変な目に遭《あ》う」という加害者への恐怖心の中で生きています。しかも、「うつ」のような症状から働けなくなったり、夫から逃《のが》れるために慣れ親しんでいた地域で生活できなくなったり、交友関係がなくなったりなど、多大な社会的影響も受けています。

被害者がそうして生活を奪《うば》われる一方で、加害者は無自覚で普通に生活をつづけ、さらに別の女性に被害を与えるケースもあります。

シェルターの運営を通して、私はその理不尽さを痛感し、「逃げなさい、別れなさい」では解決しない、被害根絶のためには加害者を減らす取り組みが必要だと強く思いました。「逃げるか、別れるか」という選択肢に、もうひとつ「加害者に変わってもらう」という選択肢を加えたいと考えたのです。

加害者がＤＶをやめれば、ともに築き上げてきた家庭を失わなくてすみます。加害者が変わることは、被害者のためでもあり、加害者自身のためでもあります。

そして、加害者が変わることで家庭という安らぎの居場所を得ることのできた被害者は、ＤＶによって失った自分らしさや自信を取り戻し、生きなおすことができるのです。

安心できる場所とは、私が私らしくいられる場所

――「よい人間関係を築くためのお手伝いカレンダー」より

「どうしたいの」——問題解決のきっかけとなる質問

DVを根本的に解決するには、加害者が変わるしかありません。しかし、残念ながら、加害者更生プログラムを実施している機関は多くありません。

その背景には、**被害者支援にたずさわる人たちの多くが「DV加害者は変われない」と考えていること**があります。

そのように、「加害者は変わらないから、被害者は逃げるか、別れるしかない」という観点に立っていると、被害者への対応は、「どうしたの」と状況を聞き、深刻なら被害者の安全のために別れることをすすめ、被害者が自立するには「どうしたらいい」かを考え支援をする、ということになります。

しかし、それでは被害者本人の意思はあまり尊重されていないことになります。

被害者に状況を聞くことはとても重要です。ですが、被害者の多くは相談にくる時点ではひどく混乱していて、自分のおかれた状況を把握できていないことも多く、また、ものごとを深く考えたり、何かを決断したりできない状態であることもしばしばです。

ステップのシェルター時代の被害者も、自分ではなにもできず、スタッフに依存してしまう人が少なくありませんでした。なかには、スタッフが食べさせてあげないと食事すらできないという状態の方もいました。

そのような被害者に、「別れたほうがいい」と頭ごなしにすすめ、一方的にことを運んでしまうのは、はたして本当に被害者のためになるのでしょうか。

私は、更生プログラムを受けて変わっていく加害者をたくさん見てきたので、「ＤＶ夫婦＝離婚」という結論を即座にくだしてしまうことは、とてももったいないことだと思います。

結局のところ**被害者が離婚を選ぶとしても、「どうしたいの」と最初に被害者の願望を聞くべき**です。

「どうしたいの」――こう問いかけることは、じつはとても重要です。

というのも、「どうしたの」と問われると被害者は過去の出来事を思い出すだけですが、**「どうしたいの」と問われると、被害者は「自分はどうしたいのだろう」と未来の自身と向き合うことになる**からです。

そうして自分を見つめることで、まず自身のおかれた状況を冷静に把握できるようになります。つまり、「どうしたの」という最初の質問が真に活《い》きてくるのです。

「自分はＤＶの被害者だ」という現状を理解することは、「これから自分はどうしたいのか」「今後どのように生きていたいのか」という自分の人生を考えるうえでとても大切です。

そのとき、将来の選択肢として「逃げる」「別れる」の2つしかないのと、「夫（加害者）に変わってもらう」という3つ目があるのとでは、大きく異なります。

ステップに来る加害者のほとんどは、被害者から「ステップに行くか、離婚をするか」と迫られて仕方なく、という人たちです。このことからも、**被害者の多くは「夫（妻）が変わってくれるのなら、別れたくない」と思っている**ことがわかります。

そうして「どうしたいの」かがわかれば、「どうしたらいい」かも見えてきます。

先ほどの「加害者に変わってもらう」を選択した妻たちが、これまで逆らえなかった夫に更生プログラムを受けるよう強くうながすなどは、その好例といえるでしょう。

人は本来、自分のことは自分がいちばんよく知っています。

被害者は、暴力をくり返し受けてきたことによる精神的ダメージから思考も感情も停止状態におちいって、自分のことがわからなくなっているだけで、**「最高のアドバイスは被害者自身が持っている」**のです。

先ほどもいいましたが、被害者支援にたずさわる人は、被害者の安全を考えるあまり被害者の気持ちを見落としがちです。けれど、周囲にできることはあくまでサポートです。

被害者から相談を受けた人は、まずは「どうしたの」と話をよく聞いてください。そして、ある程度、胸のうちを吐き出して被害者が落ち着いてきたら、「どうしたいの」と願望を聞き、そのために「どうしたらいい」かを一緒に考えてあげてください。

「どうしたの」
「どうしたいの」
「どうしたらいい」

この３つの質問は、被害者が自分を取り戻し、ＤＶ問題に向き合い、解決しようとするきっかけとなります。

ＤＶ解決のカギは被害者が握っている

ここまでのおさらいになりますが、ＤＶ問題を根本的に解決するには加害者が変わることです。しかし、加害者がみずから気づいて変わることがほぼ不可能であることも、ここまでお話ししてきたとおりです。

したがって、**ＤＶ問題を解決するには、まず被害者が被害者になることです。**

被害者がいないと加害者は生まれず、当事者がいなければＤＶ問題は存在せず、解決することもできません。

ＤＶの被害を受けている人は、まずは被害者になってください。

そして、勇気のいることだと思いますが、第三者に相談しながら行動を起こしてください。


加害者が加害者であることに気づくのは、たいてい被害者がある日突然家を出ていき、自分の前から姿を消してしまうことがきっかけです。

「帰宅すると妻の置き手紙があって愕然《がくぜん》とし、初めて自分の行為が間違っていたかもしれないと考えるようになった」

加害者の多くはこのようにいいます。そうして、ネットで自分の行為を調べてはじめて、自分の行為がＤＶであることを知ったという人も珍しくありません。そこから、自分で探して加害者更生プログラムのことを知り、ステップに相談にくる加害者もいます。

しかし、そういう自発的な加害者は少なく、ほとんどは被害者から「ステップで更生プログラムを受けるか、別れるか」と突きつけられて仕方なく、という人たちです。

しかし、入り口はどうあれ、更生プログラムを受けることで、加害者には「気づき」がおとずれます。

加害者が加害者であることに気づくことが、ＤＶ克服への第一歩。ですが、その扉を開くのは、被害者が被害者であることに気づくことです。

第4章　DVをなおすプログラムの基本

プログラムの最終ゴールはなにか

ステップの加害者更生プログラムについて電話で問い合わせてくる方は、例外なくプログラムを受けることで夫婦関係が修復できると考えています。しかし、プロローグでもお伝えしたように、プログラムの目的はそれではありません。あくまで、

「DV加害者が変わること」

これがプログラムの目的です。具体的には、

1　自分の行為がDVであったということを認識する
2　怒り行動を選択しない
3　「関係をよくする身につけたい7つの習慣」を使う

プログラムを通してこの3つを達成することを目指します。

夫婦関係を修復できるかどうかは、目的を達成した結果であり、被害者しだいです。

プログラムの途中であっても、家を出た被害者が加害者の変化を感じて家に戻ることもあ

りますし、プログラムが終了して加害者が変わったにもかかわらず離婚にいたることもあります。

ただ、加害者が変わっても被害者が離婚を選ぶケースでは、たいてい被害者である妻が初めに行政の窓口に相談にいっています。第3章でもお話ししたように、行政の担当者の多くは「DV加害者は変わらない。だから別れたほうがいい」という考えを持っているため、最初から「離婚ありき」でのサポートが少なくありません。ステップにもそんな時期がありました。

また、被害者に「夫とは会わないほうがいい」とすすめ、裁判所への離婚調停の申し立てや加害者とのやりとりなど、すべての手続きを弁護士にゆだねるようアドバイスをします。

そうして、妻はプログラムを受け変化している夫とは一度も会わないまま、離婚を選ぶことになってしまう——これまで、このようなケースが何件かありました。

ですが、**プログラムを受けた加害者は本当に変わります。**

夫婦が顔を合わせないまま調停離婚にいたってしまうケースを目《ま》のあたりにするたびに、被害者には加害者が変わっている姿をぜひ見ていただきたかったなと思います。

加害者自身に「変わりたい」という強い意志があり、プログラムを受けて学び実践《じっせん》することで、加害者は絶対に変わります。

加害者も被害者も、どうか簡単にあきらめないでください。

とはいえ、被害者の中には、心の傷が深く、加害者の顔を見るだけで心身に不調をきたしてしまう人もいます。加害者が変わるかどうかを見極めるまで我慢《がまん》することは難しいのかもしれません。そうした事情から、加害者は前向きにプログラムを受けていて、被害者もその変化を感じながらも、結局は被害者が離婚を選ぶということもあります。

ですが、そうなったとしても、**「自分は変わったんだから受け入れろ」と無理強《じ》いすることなく、「わかったよ、きみの幸せを受け止めるよ」と相手の意思を受け止め寄り添うことができる、それが加害者が本当になおった証**《あかし》です。

実際にプログラムを通して変わることのできた加害者は、たとえ夫婦関係は修復できなくても、

「妻の気持ちは変わらなかったが、子どもたちとは親子の関係を取り戻すことができた」

「新たなパートナーと出会い、平穏に幸せに暮らせるようになった」

と、「自分が変わることで、人生が変わった」ことを実感し、幸せに向かって着実な一歩を踏み出しています。

このように**プログラムの最終ゴールは、加害者が考え方を変え、生き方を変えることです。**

52週間かけてなにを学ぶのか

ステップでおこなう加害者更生プログラムは、人間の考え方や行動について解き明かした「選択理論」を要《かなめ》に、さまざまな心理学の理論や私がこれまで出会った金言などを組み合わせて構成しています。

手順としては、**初めに加害者との個人面談１回とパートナー面談１回をおこなったあと、グループワークを週１回（約２時間）、１年間で計52回おこないます。**

個人面談で、それまでの自身のことを振り返りながら、並行して「選択理論」の基本などについて学びます。具体的な内容は次のとおりです。

- 人の行動のメカニズム
- 基本的欲求
- 上質世界
- ゆがみレンズ（ＤＶ加害者に特徴的なゆがんだ価値観や思考）
- 怒りのメカニズム
- 怒りのコントロール方法

そして、「怒りをコントロールする方法」としては次のものなどです。

・怒りの数値化
・I《アイ》メッセージ
・リフレーミング

さらに、「良好な関係を築く方法」として以下について学びます。

・愛のピラミッド
・関係をよくする身につけたい7つの習慣

面談を通して選択理論の基本を学んだあとは、加害者同士がお互いのDV体験について発表したり、思いや学び、問題点を話し合うグループワークが中心となります。

さて、加害者にプログラムを最後まで受けてもらうには、やはり初回の面談が重要です。最初はイヤイヤやってくる加害者が「ステップに通いたい」という気持ちになるかどうかは、1回目で決まると感じています。そして、約8割の人は、初回面談を終えて「来てよかった」「もっと早く知っていればよかった」「変われる希望が見えました」とそれぞれ手応えを感じて帰っていきます。

この面談で加害者がそれほど変わるのには、大きく2つの理由があると考えます。

１つには、**男性加害者には理論派が多い**ことです。選択理論について説明をはじめると、たいていパッと顔が輝きます。ある加害者は、このように語ってくれました。

「プログラムを受ける前に別のカウンセリングに半年ほど通いましたが、ＤＶ加害者だという自覚は持てませんでした。**誤りに気づけたのは、怒りのコントロールの方法や他人のせいにしない考え方を学びはじめてからです**」

ＤＶは自身の誤った価値観や考え方に根ざした行為ですから、子どものときの面前ＤＶトラウマなどによる心の傷をケアするだけでは、なおせません。価値観や思考を変えていくための学び、つまり教育が必要です。

加害者がすぐに心を開くもう１つの理由として、**「決して裁かれるわけではない」ということがわかって安心する**、ということもあるようです。

というのも、加害者には、パートナーが警察や行政に相談をしたことで周囲から「悪党呼ばわり」をされた経験を持つ人も少なからずいます。ステップにも「どうしてこんなひどいことをしたのか」と叱《しか》られると思って、おそるおそるやってくるのです。

しかし、私は決して彼らを責めたり、裁いたりするようなことはしません。それでは支配関係になってしまいます。

ステップでは、加害者とも被害者とも「選択理論的な関わり」を持って支援をしています。選択理論的な関わりとは、**「関係を破壊する致命的な7つの習慣」は決して使わず、「関係をよくする身につけたい7つの習慣」を使って加害者や被害者との関わりを持つ**ということです。

・「関係を破壊する致命的な7つの習慣（外的コントロール）」——批判する、責める、文句をいう、ガミガミいう、おどす、罰する、褒美で釣る
・「関係をよくする身につけたい7つの習慣（内的コントロール）」——傾聴する、支援する、励ます、尊敬する、信頼する、受容する、意見の違いを交渉する

くわしくは第5章で説明しますが「関係をよくする身につけたい7つの習慣」の中でももっとも重要な要素が「傾聴」です。

私はどんなに加害者の話が一方的であっても、じっと耳を傾け、「いろいろな事情があったんですね」とまず受け止めます。そのうえで、加害者の考え方と選択理論の考え方の違いについて話し、加害者の「気づき」をうながしていきます。

このように、ステップでは、加害者をコントロールして変えようとする「外的コントロー

ル」を使うことなく、加害者がみずから変わろうとする「内的コントロール（セルフコントロール）」を引き出すようアプローチをします。

そうした姿勢が加害者の安心感につながり「この人になら相談できる」「自分と家族のことをゆだねられる」と信頼してもらえるのだと思います。そうでなければ、お金と時間を使って1年間も通う気にはならないでしょう。

加害者の約2割は、この時点で「自分は間違っていた」「自分のやっていたことはDVだったんだ」とみずから気づいて暴力をやめることができます。

面談を終えると、次からはグループワークで学んでいくことになります。グループワークを52回もおこなうのは、誤った価値観や考え方を変えていくには反復による学びが重要だからです。グループワークについては、のちほどくわしくお話しします。

よいか悪いか、正しいか間違いか、と裁判官になることではなく、どう対応するかが問題

――「よい人間関係を築くためのお手伝いカレンダー」より

「人は自分の行動をみずから選んでいる」

ここまで折にふれて選択理論の考え方についてお話ししてきました。ここで、あらためて更生プログラムの要となる選択理論について、創始者であるグラッサー博士が理論を編み出すことになったきっかけやそのポイントについて、説明したいと思います。

従来の精神医学や臨床心理学を学び医師となったグラッサー博士は、毎日毎日、精神科病棟の患者さんたちの訴えを聞きつづけているうちに、患者の話にはある共通点があることに気づきました。

それは、みんな暗い顔をして、自分の体調や気分が悪いのは「あの日」「あのとき」「夫が」「子どもが」「あの人が」……、と過去や他人に原因があるかのように語ること。つまり、**誰もが過去と他人に焦点《しょうてん》を当てていて、自分がいまの状況にいるのは「自分にはまったく責任がなく関係のないこと」**といっているように聞こえたことです。

そこで、博士は患者さんたちにこのような質問をしました。

「あなたは、今日はどうするつもりですか？」

すると、どの患者さんもそれまでうつむき加減だった顔をパッと前に向け、「これから散歩をするつもり」とか「同室の人とおしゃべりをしたい」とか、自分が望んで選ぼうとしている行動に焦点を当てて話すようになりました。

これをきっかけに、博士は願望に焦点を当てた質問をしつづけました。すると、しだいに誰もが自分の責任にも視線を向けるようになっていきました。

こうした経緯から、博士は、

「過去と相手は変えられない、変えられるのは自分の思考と行為、そして今と未来」

というそれまでの精神医学とは異なる働きかけを患者さんにするようになりました。これが、従来にはなかった新しい心理学のはじまりです。

さらに、脳のしくみに興味を持ちはじめた博士は、のちに「選択理論」と呼ばれるようになる、「人がいかに動機づけられ、いかに物事を認知し、いかに行動するのか」ということを、脳の働きによって説明する理論を提唱しました。

グラッサー博士は自著の中でこのように述べています。

「精神科医としての40年の経験を通して、不幸な人はすべて『仲よくしたい人と仲よくできない』という共通の悩みを持っていて、その原因となっているのは『外的コントロール』であるとわかりました。外的コントロール心理学の根底にあるのは『私はあなたにとって何が正しいかを知っている』という考えであり、それが個人の自由を損《そこ》なうことにより、人間関係を破壊しています」

「人生の成功のためにはよい人間関係が重要であり、『人生を自分の生きたいように自由に生きることができ、それでいて必要な人たちと仲よくすることができるか』という問いに対する答えを見出すべく考えたのが『選択理論心理学』です」

選択理論では、

「すべての行動には目的があり、人は自分の行動をみずから選んでいる」

と考えます。

選択理論を学んでセルフコントロールを身につけることは、職場や家庭などの人間関係にとても有用であり、組織や企業におけるマネジメントにも適用されるようになっています。

これは余談ですが、ある精神科医の先生の講演を聞きにいったときのことです。先生はまず「僕のテーマソングをかけます」といって、「あなたの過去など知りたくないの」という一節を流しました。菅原洋一《すがわらよういち》さんの大ヒット曲「知りたくないの」です。

そして、「僕は患者さんに過去のことは尋ねません。これからあなたはどうしたいですか、と未来のことを聞きます。そして、そこから治療法を考え、それを伝えていきます」と話されたのです。私は「これこそまさに選択理論だ」と思い、とても先生に好感を持ちました。いまでも強く印象に残っている出来事です。

選択理論でわかる「人の行動のメカニズム」

選択理論の基本概念となるのは、次の３つです。

・人の行動のメカニズム
・基本的欲求
・上質世界

この３つが連動することで、私たちがどのような行動をするかが決まります。具体的には、私たちが「行動する」のは「基本的欲求の充足」という目的を果たすためであり、「上質世界」は、目的を達成したときによりよい気分になれるよう欲求の指標として存在しています。

このうち、「基本的欲求」と「上質世界」については第2章でくわしく説明しました。ここでは「人の行動のメカニズム」についてお話しします。

選択理論では私たちが行動する（＝身体を動かし何かをする）ときの脳の働きを「車」にたとえて説明しています。

まず、私たちがなにか行動を起こすとき、そこには4つの要素――「思考」「行為」「感情」「生理反応」――が存在しています。

▼**思考**……頭の中で考えや思いをめぐらすこと。たとえば、楽しいことを思い出す、未来を想像する、明日の予定を考えるなど。

▼**行為**……表にあらわれる動作や表情。たとえば、歩く、話す、食べる、ほほえむ、泣く、にらむ、怒るなど。

▼**感情**……快・不快、好き・嫌いなどものごとや対象に対して抱く気持ち。たとえば、喜怒哀楽、イライラ、怒り、ゆううつ、不安、落ち込み、好奇心、焦《あせ》り、幸福感、緊張、リラックス、恐怖、満足、孤独感など。

▼**生理反応**……生体内で起こる化学変化の過程、外部の刺激に対する身体反応。たとえば、心臓の鼓動、呼吸、空腹、発汗、血圧上昇、疲労、不眠、よだれ、汗、しびれ、涙など。

行動するとき、これら4要素がどのように関わっているのでしょうか。

たとえば、食事ではものを食べるという「行為」が目立ちますが、食べ物を摂取することで消化、吸収、体温上昇などの「生理反応」が起こります。また、「どれから食べようかな」などと「思考」もしますし、「お腹いっぱいになって満足」という「感情」もわきます。

このように、私たちがなにか行動するときには、4要素がすべて同時に機能しています。つまり、4要素が連動し全体的に働いているのです。そのため、選択理論では、人の行動を「全行動」と呼んでいます。

それでは、これら4要素の機能のしくみ、つまり「全行動」を車にたとえて説明しましょう（次ページ図表8）。

まず、車は前輪駆動で、行動を構成する4つの要素はタイヤであると考えます。このとき重要なのは、前輪に「思考」と「行為」、後輪に「感情」と「生理反応」を配置することです。車は前輪駆動ですから、4つのタイヤのうち、ドライバーが操作できるのは前輪だけで、後輪は前輪の向かった方向についていくことになります。

つまり、私たちの行動を構成する4要素のうち、自分の意思で直接コントロールできるのは前輪に相当する「思考」と「行為」だけ、後輪の「感情」と「生理反応」は前輪の向きについてくるものであり、直接コントロールすることはできません。

図表８　人の行動のメカニズム

＜人が行動するとき、この４つの要素がすべて機能している＞

思考　行為　感情　生理反応

＜人の行動は前輪駆動の車と同じ＞

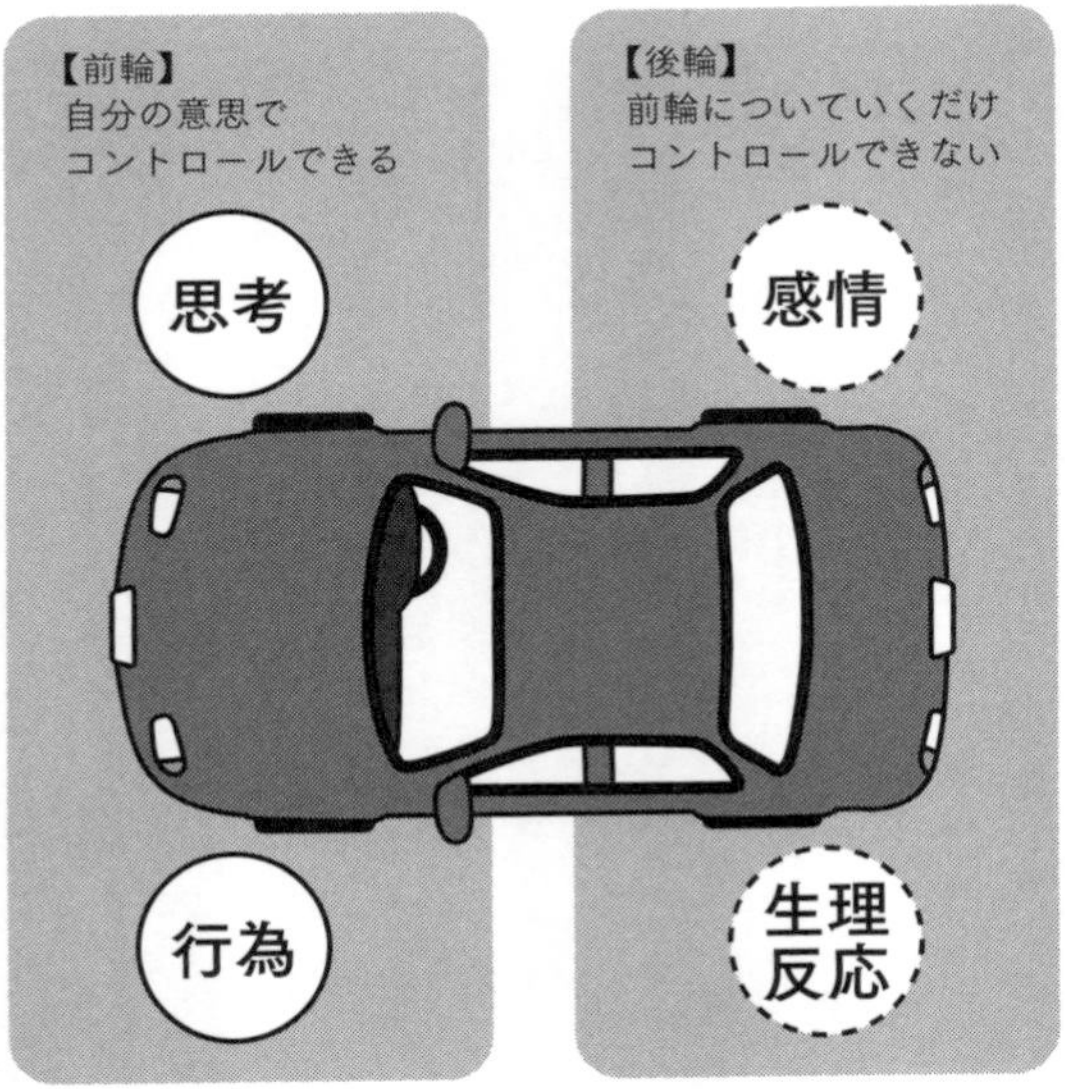

「思考」と「行為」は変えられる。「感情」と「生理反応」は変えられない

⇩

「思考」と「行為」を変えれば、「感情」と「生理反応」も変わる

出典：日本選択理論心理学会

「感情」と「生理反応」を変化させるには、「思考」と「行為」とをコントロールしなくてはいけないということなのです。

「思考」や「行為」を変えると「感情」と「生理反応」が変わる

私たちの行動には、直接コントロールできるものとできないものとがあります。それを具体例で考えてみましょう。

まず、夕食に食べたいものを想像してみてください。「ラーメン」とか「ハンバーグ」とか、なにか思い浮かべましたね。それは「思考」をコントロールしたということです。

行為も簡単です。この本からちょっと視線をはずして、遠くを見てください。頭をあげて壁や窓を見た方は、自分の意思で「行為」を変えたということです。

それでは、血圧を少し上げてみてください。

「そんなの無理」といった声が聞こえてきそうですね。

生理反応は自分の意思で直接コントロールすることはできません。血圧を上げたいのなら、運動するとかなにか食べるとか、あるいは緊張したり頭にくるような場面を考えるなど、「行為」や「思考」によって間接的に変化を起こす必要があります。

ということは、**思考や行為を変えると生理反応も変わる**ということです。

それでは最後に、泣くほど悲しんでみてください。

これも急には無理ですね。私たちは感情を直接コントロールすることはできません。それでは、いまここで泣くほど悲しくなるにはどうすればいいでしょうか。

多くの方は、悲しい映画やドラマのワンシーンを思い浮かべたり、亡くなったご家族のことを考えたり、というように過去に悲しくて泣いてしまったシーンを思い出そうとするはずです。

けれど、これは「感情」を動かすために、「思考」を使ったということです。つまり、**思考が感情をコントロールしているということ。**

感情の前に思考があり、思考によって間接的に感情をコントロールすることが可能になるのです。

「怒り行動＝ＤＶ」は加害者自身が選択している

「ＤＶの怒りのメカニズム」については第2章で説明しました。

そのなかで、「ＤＶは怒り行動」であり「怒りは生まれながらにプログラムされた感情」だといいました。感情は直接コントロールできませんから、これだけを考えるとＤＶをやめるのは無理と思うかもしれません。

しかし、前項で述べたようにＤＶを選択理論の全行動としてとらえると、見方は変わってきます。

【全行動のメカニズムでとらえた怒り行動＝ＤＶ】

・自分の思いどおりにならない妻はおかしい＝「思考」
・腹が立ち、怒りがわく＝「感情」
・怒鳴ったり叩《たた》いたりして間違いを正してやる＝「行為」
・カッカして頭に血が上り、怒りで身体が震える＝「生理反応」

このように、「怒り行動＝ＤＶ」は思考、行為、感情、生理反応の４要素すべてが連動してあらわれる全行動です。全行動であれば自分でコントロールできる部分が存在します。それが思考と行為です。思考と行為を変えれば、それにしたがって感情と生理反応も変化します。

とりわけ、前述した「思考が感情をコントロールしている」ことを思い出してください。「腹が立つ」という感情の前に「思いどおりにならない妻はおかしい」という思考が必ずあるのです。思考を変えれば感情は変わります。たとえば「妻は自立している」と思考を変えます。すると怒りはなくなります。行為も尊敬するに変わります。

つまり、DVの根底にある「怒り」の感情を直接なくしたり、生理反応を直接消すことはできなくても、思考と行為を変えることで、間接的に感情と生理反応を変えることができる、ということを意味します。

このことは、逆に考えるとよりわかりやすくなるでしょう。

怒りの感情をさらにあおりたい場合、どのような思考や行為が有効でしょうか。なにもしなければ、時とともに怒りは下がっていってしまいます。

「あのときも妻は同じことをした」「どうしていつも逆らうのか」などと妻に対する怒りを感じた過去のエピソードを何度もくり返し思い出し（思考）、そのことだけを考えつづけて、「クソ」と悪態をついたり、ものにあたったりする（行為）と、怒りの感情を持続しパワーアップすることができます。

このように、思考と行為によって感情は変化します。つまり、間接的ではあっても「感情」もコントロールすることが可能なのです。

「その人の行動は、その人自身が選択している」

これが選択理論の考え方です。

怒りの感情を感じる前に、「思いどおりにならない妻がおかしい」という思考をし、「間違いを正してやる」とDV行為をおこなうのは、すべて加害者がみずから選んでいることなのです。

その選択をしないことで、DVをやめることができるのです。

自分が使っている「ゆがみレンズ」に気づく

プログラムでは、加害者のゆがんだ価値観や思考についても学びます。

おさらいになりますが、DV加害者に特徴的なゆがんだ価値観や思考とは、「暴力容認意識」「ジェンダーバイアス」「力と支配」「特権意識」「被害者意識」です。また、「子どもの頃の傷つき体験」も価値観や思考に影響を与えています。

同じ出来事も、こうしたゆがんだ価値観や思考があると、とらえ方が変わります。

たとえば、パートナーに電話したけれど、相手が出なかったとしましょう。事実をそのままにとらえれば、「きっと忙しいんだろう」「電話が鳴っているのに気づかないのかな」などと思い、「あとでもう一度かけてみよう」「着信に気づいたら折り返してくれるかな」などと考えておしまいです。平常心でいられます。

しかし、ゆがんだ価値観や思考があると「なんで出ないんだ、俺をバカにしている」「浮気しているのか」などと考えて、イライラしたり嫉妬《しっと》したりと怒りの感情にとらわれます。

勝手な解釈をつけ加えることで、事実をゆがめてしまうのです。

このことから、私はゆがんだ価値観や思考のことを「ゆがみレンズ」と呼んでいます。**ゆがみレンズを通すと、何気ない出来事が思考のゆがみを引き起こし、感情にもゆがみを生じさせます。**

「ゆがみレンズ」にはいくつか種類があり、どのレンズをよく使っているかは個人差があります。


【ゆがみレンズの種類】
- **一点レンズ**：1つの要素しか見ようとしない
- **白黒思考レンズ**：白か黒かの「どちらかしかない」という考え

- 深読みレンズ：相手の感情を深読みして、思い込みをしてしまう
- 責任転嫁《てんか》レンズ：悪いことはすべて人のせい。絶対自分の責任ではない
- コントロールレンズ：相手を変えようとする。自分は変わろうとしない
- 思い込み評価レンズ：客観的な評価ではなく、自分自身の勝手な価値観でしかものを見ない
- 一般常識レンズ：つねに一般常識を引き合いに出し、相手を否定する
- 最悪シナリオレンズ：よい状態であっても、「最悪の事態が起こる」とつねに想定する
- トラウマレンズ：生育歴で虐待《ぎゃくたい》経験や、過去の傷つき経験が影響する
- どうせレンズ：「どうせ自分は」と卑下《ひげ》する

いかがですか？

思いあたるものがあるという人は、価値観や思考にゆがみがあるということです。そのことを自覚してください。

そして、自分はとくにどのレンズを使っているのか、そして誰によく使うのかを理解することも大切です。

ＤＶ加害者の場合、いちばん多いのはパートナーに対して「ゆがみレンズ」を使っている

ことですが、子どもや部下に対して使っていることも少なくありません。

ゆがみレンズを通して見る相手には、たいてい「関係を破壊する致命的な7つの習慣」（批判する、責める、文句をいう、ガミガミいう、おどす、罰する、褒美で釣る）を使っています。ですから、子どもや部下にも使っている場合には、虐待やハラスメント問題も抱えている可能性もあります。

このように、ゆがみレンズを使うのは、基本的に自分より弱い立場の相手に対してです。ということは、**ＤＶもハラスメントと同じで、やりやすい相手を選んでやっている、**ともいえます。そういう意味では、「いじめ」と同じ。実際、加害者には「いじめるためにやっていた」と認める人もいます。

ゆがみレンズは、弱い相手に対して働く「力による支配関係」の象徴といえます。

夫婦関係はもとより親子や会社などあらゆる人間関係を円滑にするためにも、レンズのゆがみを正すことが重要です。健全なレンズを持つことができれば、世界観が変わります。

ゆがみレンズを変える方法は、このあとでお話しします。

変えられるもの、変えられないもの

選択理論を活用すれば、いまの自分を変え、ＤＶから脱け出すことができます。そのためには、自分で変えられるものと、変えられないものとを明確にしておくことが大切です。変えられないものを変えようとすると、心も身体も疲弊《ひへい》するだけで努力はすべて無駄になり、思いどおりにならないことで怒りはつのる一方になってしまいます。

まず、全行動のうち自分の意思で変えられるのは「思考」と「行為」、直接変えることができないのは「感情」と「生理反応」です。

次に、行動を動機づける「基本的欲求」は変えることはできませんが、「基本的欲求」を叶《かな》えやすいよう持っている願望や理想という「上質世界」は変えることができます。

怒りは「上質世界」と「現実世界」のギャップから生まれるといいましたが、つねに幸せでいるには、「上質世界」の願望や理想を達成可能なものに置きかえることです。

たとえば、加害者の多くが持つ「妻は夫にしたがうべき」という願望は、自分の力だけでは達成できません。相手の協力が必要です。しかし、人はみな誰かに支配されるのは嫌なので、相手はコントロールされることに抵抗します。嫌がる相手を動かして自分の願望を達成しようというのは、相当な困難をともないます。

このように、加害者は**努力しても得るのが困難な願望を掲げつづけているから、幸せになれない**のです。

達成しやすい願望の条件は、自分の意思でコントロール可能なものであることです。たとえば、「妻に優しい夫になろう」というのであれば、自分しだいで達成可能です。

自分の欲求は自分で満たせるものにすること。他力本願《たりきほんがん》から自主独立へ舵《かじ》を切りましょう。

自分で自分の幸せに責任を持つのです。

【自分で変えることのできるもの】

・思考
・行動
・上質世界
・今の自分
・未来
・基本的欲求の充足

【変えることのできないもの】
・感情
・生理反応
・基本的欲求の度合い
・他人
・過去

「相手が悪い」という意識が変わっていく

更生プログラムの初回面談の際、加害者はたいてい「自分も悪いけど、相手も悪い」「相手も悪いのに、自分だけ変わるのは不公平だ」などといいます。

しかし、選択理論について説明をし、

「相手は変えられません。変えられるのは自分だけ。だから自分に焦点を当てましょう」

「自分の思考と行為、そして上質世界は自分の意思で変えられます。ここが変われば感情もコントロールできますし、それにともなって生理反応も変わります」

このようにいうと、ほとんどの加害者は「なるほど」と納得します。男性は左脳が活発で理論思考の持ち主が多いとよくいわれますが、加害者たちの反応を見ていると、たしかにそうかもしれないと感じます。

また、加害者には、自身が面前DVや虐待を受けた経験があり「自分が加害者になったのは親のせい」と親に対する恨《うら》みを持っていて、「だから自分は悪くない」と考える人もいます。

このような場合、親が同意をすれば加害者と一緒に家族面談を受けてもらい、親に虐待されて加害者がどれだけつらかったかという、長年の苦しみを吐《は》き出してもらいます。たいていの親は「たしかにひどいことをした。悪かったと思っている」と非を認めて謝罪します。その結果、親に対する恨みつらみが晴れ、イライラが減り、自分のことを冷静に見つめることができるようになる人もいます。

しかし、一方で、親が面談を受けてくれなかったり、吐き出すことでむしろ「やっぱり親のせいだ、自分は悪くない」という被害者意識がますます強くなってしまう人もいます。

そのような人に対しても、

「過去と他人は変えることはできません。むしろ、**虐待されたつらさを知っているのなら、**

DVを受けていた妻に共感できるはず。自分の見方や考え方、価値観を変えてリフレーミング（173ページ参照）することでDVをやめたら、妻との関係も変わるかもしれません。今の自分と未来は変えられます」

と選択理論の考えを伝えます。そして、

「同じ虐待を受けて育っても連鎖《れんさ》する人と連鎖しない人とがいます。両者のどこが違うのかといえば、それはやはり本人が選んでいるのです。暴力は悪いとわかっていても、あえて選んでやっているのです。二十歳をすぎたら大人です。もう親の責任ではありません。**過去はどうあれ、DV行為は今のあなたが選択しているのです**」

このようにつけ加えると、「そんなふうには考えてもみませんでした」「目からウロコです」などといって、すんなりと受け入れます。

男性加害者の多くが自分なりの正論を持っているので、こうして筋の通った「正論」をいわれると、意外と反発を感じないようです。

このように、加害者の多くは選択理論を学んで、「変えられるもの、変えられないもの」を知ることで、初めて自分自身と向き合うことを受け入れられるようになります。

パートナーへの依存に気づき、自立する

更生プログラムを受けにくる加害者は、初めこそ「妻が悪い」と怒っていても、自分の考えとは違うが妻の考えも正論だと納得できることを学ぶと、それを素直に受け入れます。

もともとは思い込みが激しく頑固《がんこ》な加害者が、そのように従順な態度を示すのには、「変わらなければ大変なことになる」という切羽《せっぱ》つまった事情を抱えているせいもあります。加害者の多くは、妻から「更生プログラムを受けて変わらなければ、離婚する」と申し渡されており、万一、妻がいなくなったら大変なことになってしまうからです。

それまで加害者たちは「妻は夫に尽くして当たり前」と考え、暴力によってずっとそれを実現してきました。

たとえば、「カレーのときは福神漬けをつけろ」というのもそうです。普通なら「そんな程度のことで」と思うものですが、加害者にとっては「カレーに福神漬け」は表面的なことにすぎません。**重要なのは、妻が自分のためにそれをすること。**第2章でも述べましたが、**加害者は妻が自分の命令に従うことで、「力の欲求」を満たしているのです。**

このように、加害者は自分の欲求をパートナーによってすべて満たしてもらおうと思って

います。

しかし、本来、自分の欲求は自分自身でしか満たすことができません。それは基本的欲求のひとつである「生存の欲求」を考えれば、いちばんよくわかります。お腹が空いたら自分で食べないと空腹を満たすことはできません。どの欲求も、自分が満足いくまで誰かにかわって満たしてもらうことなどできないのです。

ところが、**加害者は生存の欲求すら妻に満たしてもらおうとします。**お風呂に入るときは着替えをすべて妻に揃《そろ》えてもらう、などはその典型例です。妻に身体を洗ってもらったり、靴下をはかせてもらったりしている夫もいます。

よく日本人の男性は妻に母親の役割を求めるといわれますが、**自立できていない**のです。そのため、妻に離婚を迫られた状況でステップにやってきた加害者たちの中には、**「妻がいなくなったら自殺します」という人もいるほど**です。

ＤＶに耐えかねた被害者がみずから命を絶つというのならともかく、ＤＶをしている側の加害者がなぜ死にたくなるのか、と疑問に思い理由を尋ねてみると、彼らの答えは、「妻を傷つけた罪悪感」

「見捨てられたという絶望感」

「愛されなかった孤独感」

「何もできない無力感」

「生きている価値がないという自信のなさ」

「自分はダメな人間だという自己嫌悪」

などを挙げます。

そこで、基本的欲求を説明し、

「これらすべてを誰によって満たされていましたか。奥さんですよね。それは依存です」

と伝えると、夫たちは初めて自分がいかに自立できていないかに気づきます。

自立できていない人が結婚をすると、どうしても事故が起こります。自分の基本的欲求を満たしてもらおうと相手に依存するものの、それが叶わないことで怒りが生じ、ＤＶが起こるわけです。したがって、加害者がＤＶ行為をやめるには、

「自分の欲求は自分で満たすこと、つまり、自立すること」

これがＤＶ解決のための絶対条件です。

自分の欲求は自分で満たす……それが自立
――「よい人間関係を築くためのお手伝いカレンダー」より

「怒り」の鎮め方

加害者は「怒り行動＝DV」をみずから選択しておこなっています。それでは、「怒り行動」を選択しないようにするには、どうすればいいのでしょうか。

ここからは、怒りをコントロールする方法について見ていきます。

▼怒りをコントロールする方法1　怒りの数値化

怒りをコントロールするのに有効な方法の1つめは「怒りの数値化」です。

加害者の特徴として、「怒る」「怒らない」のどちらか極端になりやすいことがあります。先にお話しした「白黒思考レンズ」です。

しかし、怒りの感情は二者択一ではなく幅があります。たとえば、ちょっとイラッとするのと、カーッとするのとでは、怒りのレベルが違います。

『アンガーマネジメント入門』（安藤俊介著、朝日文庫）によると、怒りは0～10までのレベルに分けられます。

レベル0は「怒りの感情なし」の状態。1～3は「軽いイライラ、不愉快、不快感」。4～6は「頭に血がのぼる、ムカつくなどの、まぁまぁ強い怒り」。7～9は「とても強い怒り。憤り、激怒」。そして10は「人生最大の怒り」です。

なにかあったときに、**その怒りがどのくらいのレベルなのかを考えて、数値化してみるの**です。

ある加害者は、こう語っています。

「自分にとって人生最大の怒りは、妻子が殺されることです。それに比べたら、妻が頼んだことをしてくれないとか、子どもがいうことを聞かないなんて、全然たいしたことじゃない。そう思えるようになってからは、まったく怒ることがなくなりました」

怒りを数値化することで、「これは怒り狂うほどの出来事か」と**事実を客観視するようになり、冷静になることができます。**

また、考えることに意識が向いて、怒りにまかせた行動をしなくなります。

これをくり返していると、自分が怒りを感じるパターンがわかるようになってくるので、次に同じようなことがあったときに怒りを瞬時に客観的にとらえ「これは怒る必要はない」とすぐさま判断できるようになります。

怒りの数値化は、思考をコントロールして怒りをおさめ「怒り行動＝ＤＶ」を選択しないということを可能にしてくれます。

怒りは自分がなにを大切にしているかを知るバロメーター
——「よい人間関係を築くためのお手伝いカレンダー」より

▼怒りをコントロールする方法２　Ｉメッセージ

ＤＶは怒りによってもたらされる怒り行動です。じつは、怒りの感情というのは「第２次感情」といわれています。第２次というくらいですから「第１次感情」があります。

どういうことかというと、怒りの感情というのは単体では存在しない感情で、もともとは別のネガティブな感情（第１次感情）があり、それが蓄積されることで怒りに変わっていくとされています。

つまり、**怒りの下にはもともとは別の感情があるということです。**

人は、自分の価値観や考え方を否定されると、人格そのものが否定されたように感じて、ひどく傷つきます。すると、「悲しい」「つらい」「さびしい」などの感情が出てきます。これが第1次感情です。

この感情をそのまま言葉や表情にして伝えられればいいのですが、そうしたネガティブな感情は自分にとって受け入れがたいため、脳がすばやく反応してそれを隠すように「怒る」という第2次感情へとスイッチします。そのため、もともとの感情に気づきにくいのです。

まして、DV加害者はゆがんだ価値観や考え方を持っているため、世の中から受け入れられにくく傷つきやすい状態にあります。しかも、加害者はそもそも自身の感情を表現する方法を怒りによる暴力しか知りません。そのため、加害者はそうでない人に比べて第1次感情を蓄積させやすく、怒りを爆発させやすいのです。

さらに、加害者にはパートナーに対する期待と甘えがあり、それが外れると「どうして自分を受け入れてくれないんだろう」と傷つき、「むなしい」「さびしい」という第1次感情が生まれ、それが怒りになります。

このように、**DV加害者の怒りの根底にあるのは「傷つき体験による悲しみやさびしさ」**ですが、それに気づかず第2次感情の怒りだけを表現します。そのため、相手には怒っていることは伝わっても、どうして怒っているのかという真意が伝わりません。そうして、ますます怒りが増すという悪循環におちいってしまうのです。

さて、怒りの感情を表現しても相手に真意が伝わりにくいのは、それが「ＹＯＵ《ユー》メッセージ」だからです。

たとえば、「なんでカレーに福神漬けがついてないんだ！」と怒鳴ったとします。このセリフには主語が隠されていますが、それを補完すると「なんで『お前は』カレーに福神漬けをつけていないんだ！」となります。

このように**主語が「あなた」つまり英語の「ユー」で伝えるメッセージのことを「ＹＯＵメッセージ」**といいます。相手の行動に焦点を当てるため、批判的・攻撃的に聞こえやすく、またダイレクトに命令をしているように伝わりやすいとされます。

人は、基本的にコントロールされることを嫌いますし、まして、怒鳴りつけるようないい方をされると、耳をふさぎたくなります。**「ＹＯＵメッセージ」では伝えたいことを相手の心に届けることができません。**

自分の気持ちを相手に伝えたいのなら、素直に第１次感情を伝えること。そのための方法が、自分に焦点を当て、**「私」を主語にして伝える「Ｉ《アイ》メッセージ」**です。

先ほどの例でいえば、「カレーに福神漬けがついてなくて、僕は悲しかった。今度からつけてもらえると僕はとてもうれしい」となります。

あくまで自分の思考や感情を伝えているだけなので、相手を責める感じはありません。相手にしてみれば、命令されているわけではないので、選択権が残されています。つまり、次にカレーを出すときに、福神漬けをつけてもいいし、つけなくてもいい、自分しだいです。しかし、多くの人は命令されたわけではないのに、福神漬けをつけようという気になります。人は自分で決断したことのほうが達成しやすいからです。

このように、**「Iメッセージ」を使うと、相手が気持ちよく行動してくれる率が高まる**といわれています。

これだけではありません。DV加害者にとって「Iメッセージ」を使ういちばんのメリットは、**「Iメッセージ」を使うことで自分自身と向き合う**ことにあります。

「私」が主語になるので、必然的に自分がどう考えたのか、なぜその感情がわいたのか、どういえば相手に伝わりやすいかを冷静に考えることになります。そして、そのプロセスを通して内省が深まります。

たとえば、「どうして自分は怒ったのだろう」と自分を見つめることで、「ああ、あのとき自分は悲しかったんだ」という第１次感情に気づき、なぜその感情がわいたのかを考えることで、「本当はこうしたかったんだ」ということがわかってきます。**自分と向き合うことで、自分の弱さや本当の欲求を知る**ことになります。それはつまり**自分の本当の姿に気づくということ**です。また、怒りの前にある第１次感情にスポットが当たることで、怒りの感情は自然と薄くなります。

このように、「Ｉメッセージ」は自分を理解し、怒りを鎮《しず》めるのに役立ちます。その結果、相手を無駄に傷つけることも少なくなります。

ただし、注意が必要なのは、**Ｉメッセージでは負の感情を伝えないこと**です。いくら自分の気持ちを伝えるといっても、「お前のこういうところはよくない点だし、俺は大嫌い」「私は本当にお前を憎んでいる」といった内容は相手を傷つけます。これは「Ｉメッセージ攻撃」と呼ばれるものです。

▼怒りをコントロールする方法３　リフレーミング

リフレーミングとは、ものごとを見る枠組み（フレーム）を変え、別の枠組みで見なおすこと（リフレーム）。つまり、**別の視点を持つこと**です。

たとえば、コップに水が半分入っているとき、「半分しかない」というとらえ方と、「半分も入っている」というとらえ方とがあります。**事実は変わらないけれど、同じことでも考え方によってとらえ方が変わってきます。**

考え方を意識的に変えようとするのがリフレーミングであり、ゆがんだ価値観や思考という**「ゆがみレンズ」を正すのに有効**です。

【リフレーミングの具体的な方法①】解釈をリフレーミングする

「この出来事には、ほかにどのような見方があるか」という考え方をすること。つまり、**解釈を変えること**です。先ほどのコップの水もその一例です。

これをＤＶで考えると、たとえば、「カレーに福神漬けがついていない」という事実に対して、「妻は俺のいうことを聞いていない。俺のことをバカにしている」ととらえると怒りにつながりますが、「ああ、忘れたんだな」ととらえると、これといった感情もわいてこないものです。

つまり、**同じ事実も、どう考えるかによって、怒りが出たり出なかったりする**ということです。

先に話した「親から虐待されたつらさを知っているから、妻に共感することもできるはず、とらえなおしましょう」というのもリフレーミングです。

この方法は被害者にも有効です。夫のＤＶから逃げ出し、ひとりで生活するようになった被害女性の方がこのように話していました。

「夫のもとを丸裸で逃げ出した当初は、行政のお世話でアパートを設定してもらい、生活保護をもらって、なんとか暮らしていました。その頃は、大好きな刺身も買えないほど経済的に苦しかったけれど、自分で働くことができるようになってからは、刺身も食べられるようになり、決して贅沢《ぜいたく》はできないけれど平穏に暮らすことができています。

この当たり前の生活に対して、いま、とても感謝をしています。もし夫に暴力をふるわれなかったら、きっといまだに夫のもとでおびえながら暮らしていて、このような感謝の気持ちなどとうてい持てなかったはず。だから、夫の暴力に感謝しています」

彼女はＤＶ経験をリフレーミングすることで、トラウマを克服することができ、前向きに幸せに生活できるようになったのです。

じつは、私自身、おじからの暴力を受けて育ちました。若い頃には、そのことで苦しみ、おじを恨んだこともありました。

けれど、女性の支援活動をはじめてから、「あれがあったから、いまの私がいる」と考えられるようになり、苦しみや恨みが消えました。いまとなっては、おじに感謝しています。

過去のトラウマ体験は、感情を吐き出すことで癒《い》やされるとされています。ですから、吐き出すことと思考を変えることの両方をおこなうのがいちばんいいと思います。

しかし、恨みつらみを吐き出したくても、対象となる人が聞いてくれないとか、あるいは亡くなっているということもあります。また、つらすぎる経験は他人には話しづらいこともあります。私自身、おじからの暴力のことを誰にも話すことはありませんでした。

そのように感情を吐き出すことができなくても、私がそうだったように、思考を変えリフレーミングすることだけでもトラウマを克服することは可能です。

リフレーミングは、自分の枠を広げ、未来の可能性を広げることにつながります。

どんなことの中にもよい点、悪い点がある。
自分の枠を広げると、想定外が起きたときでも対応できる

——「よい人間関係を築くためのお手伝いカレンダー」より

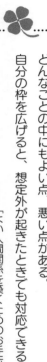

【リフレーミングの具体的な方法②】思考のクセをマイナスからプラスに変える

DV加害者は基本的にマイナス思考です。加害者の親にはＤＶや虐待の加害者が多く、マイナス思考の持ち主が多くいます。加害者はその親を見習って育つため、小さい頃からマイナス思考のクセがしっかりと身に染みついています。そのため、なんでもかんでも悪くとりがちです。

「なんで今日は雨なんだ！」と天気にも腹が立つというぐらいですから、一緒に暮らしている妻のことは、やることなすことといちいち気に入りません。更生プログラムの初回面談でも、妻のことを「批判する」「責める」「文句をいう」、これに終始していて、感謝の言葉など一切ありません。

プラスの思考がないから、いい感情もわいてきません。加害者は喜びも感動もなく、つねにイライラしています。結果、ちょっとしたことですぐに腹を立ててはＤＶ行為におよぶという**負のスパイラルを、マイナス思考によってみずからつくり出しています。**

このようにマイナス思考の負のループの中で生きている加害者には、

「思考をプラスに変えましょう」

と必ずお伝えします。

たとえば、朝起きて妻に「おはよう」と声をかけたのに妻が返事をしなかったとします。この出来事をマイナス思考でとらえると、「俺をバカにしている」「無視した」となり、「力の欲求」が満たされないことで怒りが生まれます。

一方、「何か考えごとをしていて聞こえなかったのかな」「朝食をつくるのに忙しくて気づかなかったのかな」というようにプラス方向にとらえると、怒りにつながりません。

要するに、①のリフレーミングと同じで、**同じ出来事をプラスにとらえるか、マイナスにとらえるかで、感情は大きく異なる**ということです。

プラス思考で、なんでもいいほうにとらえておけば、腹が立つこともありません。

長年かけて身に染みついたマイナス思考のクセをプラスに変え、それを習慣化させるには、訓練が必要です。

プログラムでは、グループワークにおいて「今週は感謝を心がけよう」「批判ゼロを目指そう」「妻をほめてみよう」というような課題を出します。

そのように、**「なにか1つ、プラスのことをする」**と**決断し実践《じっせん》していくことで、ものごとのいい面を見ることが習慣化され、自然にマイナス思考からプラス思考に切り替わってい**

きます。

なにごともプラス面を見られるようになれば、自然にリフレーミングすることができるようになります。加害者がプラス思考になると、夫婦関係は目に見えて変わっていきます。

プラス思考が習慣化すると居心地がよくなる
当たり前のことに感謝。マイナスばかり探すと不平不満になる
――「よい人間関係を築くためのお手伝いカレンダー」より

▼怒りをコントロールする方法４　「魔法の言葉」

マイナス思考からプラス思考へ切り替えるだけでなく、加害者には、さらにプラス思考の引き出しに入れておきたいものとして、怒りを鎮める６つの魔法の言葉をお教えします（181ページ図表９）。これらは、私自身が人生のいろいろな場面で出会って印象に残った言葉を集めたものです。

１「相手は最善の選択をしている」

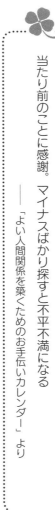

加害者の怒りの着火剤となるのは、パートナーが自分の思うような言動をしなかったり、自分とは違う考えを持っていたりすることです。そこには、「妻はこうあるべき」という勝手な思い込みがあります。

しかし、自分がそうであるように、相手もまた自身の目的を達成するために最善の行動を選択しています。

ですから、相手の行動が自分の腑《ふ》に落ちなくても、「相手は最善の選択をしている」と解釈をすれば、「じゃあ、仕方ないな」と、受け入れることはできなくても受け止めることはできます。すると、怒りはわいてきません。

「相手は最善の選択をしている」という解釈は、**相手の選択を尊重することであり、相手に対する信頼にもつながります。**

2「まあ、いいか」

相手の選択を受け止めることで出てくる言葉です。**相手の言動を受容することで、**「相手はこんなことをいった」「こんなことをした」**としつこく考えることを断ち切り、怒りの感情につながる執着《しゅうちゃく》をなくします。**

「まぁ、いいか」と思えないと、相手のしたことをいつまでも考えつづけることになり、そ

図表9　怒りを鎮める魔法の言葉

1　相手は最善の選択をしている

2　まぁ、いいか

3　なんでもあり

4　よかった

5　……にもかかわらず……

6　大丈夫

出典：NPO 法人 女性・人権支援センター ステップ

れによって怒りがどんどん膨《ふく》らみ、相手を一晩中説教したりすることになります。それは、自分にとっても相手にとっても、感情と時間の浪費にしかなりません。

ここまでの「相手は最善の選択をしている」と「まぁ、いいか」は選択理論の中の言葉です。

3「なんでもあり」

これは、私の友人の精神科医の言葉です。彼は、息子さんが26歳のときにうつ病が原因で飛び降り自殺をするというつらい体験をしています。その頃のことを、彼は「精神科医の息子がうつ病になるなんてありえない、と思うと耐えられなかったと思います。でも、僕は『なんでもあり』という言葉を知っていたので、それを乗り越えることができました」と話しています。

「なんでもあり」というのは、**想定内をつくらないということ**です。想定内をつくると、そこには入っていない「想定外」のことが起こったときに「どうしてこんなことに」と不安や怒りを感じます。

しかし、人生では「こんなことが起きていいはずがない」ということが往々にして起こります。**人生というのは悩みの連続で終わりがありません。だからこそ、「なんでもあり」という考えが救いになります。**

「長い人生、こんなこともあるさ」と思えば、多少のことは受け入れられるものです。

4「よかった」

これは私が児童文学の『少女パレアナ』を読んで感銘《かんめい》を受けた言葉です。日本ではかつて「愛少女ポリアンナ物語」としてテレビアニメ化されヒットしたので、ご存じの方も多いと思います。

両親を亡くした主人公のパレアナが、どんなにつらくてもその中から「よかった」と思えることを探して元気になり、その「よかった探し」を通して街を明るく変えていくという物語です。とにかく、すべていいほうに解釈するという「リフレーミング」の宝庫です。

先に「思考のクセをマイナスからプラスに変える」と話しましたが、パレアナのようにゲーム感覚で日常生活の中から「よかった探し」をすることで、自然にプラス思考になり、明るく前向きになれます。

また、「よかった」を探すと、感謝の気持ちが生まれます。「いいお天気でありがとう」「挨拶《あいさつ》を返してくれてありがとう」「私と出会ってくれてありがとう」……こうした感謝の気持ちは、自然と幸せな気持ちにつながっていきます。

私はよく「逆境では3通りの生き方がある」というお話をします。

ひとつは「不平・不満」を感じながら生きることで、これは三流の生き方。もうひとつは「我慢」しながら生きることで、二流の生き方。そして、一流の生き方は「感謝」しながら生きること。

どんなに逆境であっても、パレアナのように探せば必ず「よかった」は見つかります。どのような状況にあっても、また、どれほど些細なものであっても、「よかった」を見つけられる、そういう心の余裕が大切です。

「よかった」は私にとって特別に大切な言葉です。私も人間ですから、欲求が充足されずイラッとすることはあります。でも、そういうときに「よかった探し」をすると、不安や怒りがスーッと消えていきます。

「よかった」は私をいちばんスッキリさせてくれる、私にとって最高の魔法の言葉です。

5「……にもかかわらず……」

これは、諏訪中央病院の名誉院長である鎌田實《かまたみのる》先生がテレビで「いちばん大切にしている言葉」として紹介されていた言葉で、**マイナスをプラスに変える「リフレーミング」をおこなうのにとてもいい接続詞です。**

この言葉にはいろいろな使い方がありますが、ポイントは前の「……」にマイナス要素を、後の「……」にプラス要素を入れることです。たとえば、「雨にもかかわらず、大勢の人が集まってくれた」という具合です。

とくに被害者の方たちには評判のいい言葉で、たとえば、「夫が私を怒ったにもかかわらず、私は心に境界線を引いて自分を守りました」というふうに使うことで、被害者がプラス思考を保つのに役立つようです。「これを私のキーワードにします。そうしたら、私やっていけます」という方もいました。

6「大丈夫」

現在の新型コロナウイルスの状況を考えると、将来がどうなるのか心配になったり不安になったりする人もいるでしょう。そういう「将来の不安や心配」というのは、つまるところ「自分に対する自信のなさ」のあらわれです。

「大丈夫」という言葉は、**不安や心配、つまり自信のなさを、自分自身への信頼へと変えてくれます。**

同じように、思いどおりにならないことがあって不満や怒りを感じても、「大丈夫。自分ならどうにかできる」と思えれば、怒りもおさまります。

「大丈夫」という言葉は、自分をさまざまな不安や心配、そして怒りから解放して、自信を与えてくれます。

「相手は最善の選択をしている」という見方

６つの魔法の言葉のなかでも、**いちばん加害者に効果があるのは「相手は最善の選択をしている」**です。この言葉を知ったことがきっかけで、妻に対する感謝の気持ちを持てるようになったという加害者の話を紹介します。

事例　主婦として最善の家事をしてくれている妻に感謝

初回面談のなかで、いちばん衝撃《しょうげき》が大きかったのが、「相手は最善の選択をしている」という言葉です。それまで家で妻に怒った後は、ものすごい罪悪感が生まれていて、そんな自分が情けなくて恥ずかしくて、なんとかしたいと思いながらも、それをくり返しやりつづけてしまっていた。

妻は専業主婦なので、家のことを全部やってくれていますが、それまでは、そんなの家にいるんだから当たり前だろうと思っていました。妻から「あれやって」といわれるたびにイライラして、「お前、自分でやれよ」と、なにひとつ手伝いませんでした。

でも、この言葉を学んで、妻がやってくれていることをひとつひとつ思い返してみて、「結構大変だな」と初めて気づいた。初めて妻に対する感謝の気持ちがわいてきたんです。

それからは妻に「これやって」と頼まれてもイラッとすることなく、「はい、はい」と二つ返事で動けるようになったんです。妻に怒ったりすることもなくなった。自然にそういう感情にならなくなったんです。

ただ、実際に自分でやってみると、これがなかなかうまくできなくて、逆に妻に怒られることになったりして。それで、妻が家でやってくれていることはすべて、ずっと専業主婦をしてきたなかで、考えに考えた末にたどり着いた手順だったりやり方だったんだ、とわかったんです。そうしたら、もう本当に、妻がなにをしても、ただただ感謝の気持ちしか感じなくなりました。

事例　子育て優先の妻を理解できなかった自分を後悔

数年前のことです。年子のきょうだいの夜泣きがひどくて、つねにどちらかが泣いている状態で、私も妻も疲れきっていました。そういう状況なので、妻は掃除や食事の支度まで手が回っていませんでした。

そのとき、私のしたことは「なんで食事の支度ができてない、休日なのにダラダラしてちゃダメだろ」と怒鳴ることでした。妻も「子どもが夜泣きをしてしんどかった」と反論はしていましたが、「こっちも外で仕事して頑張っているんだから、お互いさまじゃないか。怠《なま》けてるだけじゃないのか」と聞く耳をまったく持ちませんでした。

その頃の自分の思考は「自分は残業もたくさんこなして頑張っているんだから、妻としては子どもがいても家事をきっちりこなすのがあるべき姿だ」という「べき論」と、もうひとつ「癒《い》やしてほしい」「特別扱いしてほしい」という強い欲求充足でした。

でも、「相手は最善の選択をしている」という言葉を学び、「主婦には土日もなければ有給休暇もない。あのときの妻は、子育てで手いっぱいで、身体を少しでも休めることを優先するために家事を後回しにしていた。それが妻にとって最善の選択だったんだ」という考えにいたるようになりました。

妻とは別居中ですが、今の自分なら、自分の欲求は自分で満たし、さらに相手の欲求充足支援もできたのに、と後悔《こうかい》しています。

グループワーク——加害者同士の学び合い

更生プログラムの中心となるのは、グループワークを通した「学び」です。

グループワークには、多いときで20名ぐらいの加害者が参加し、たとえば「日頃使っている言葉の点検」「DV加害者に共通する問題点」など、毎回ひとつのテーマについて、それぞれが意見を述べ合います。

また、グループワークの大切な学びとして、もうひとつ「1週間の振り返り」があります。これは、プログラムで学んだことを日常生活にどのように取り入れ実践できているか、それによって自分はどのように感じたかなど、自分を見つめなおし学んだ内容について理解を深めるためにおこなうものです。

　グループワークの狙いは、「変わる」という同じ目標に向かって努力をしている学びの仲間が、お互いの体験や考えを述べ合うなかで、それぞれが自身のゆがんだ考え方やジェンダーバイアスなど**問題点に気づき、それを変えていくことを学び合い、暴力を用いずに生きていく方法を身につけていくことです。**最終目標はパートナーを尊重して愛の行為を身につけることです。

　人は、自身のことは気づきにくいものですが、他人のことはよく見えます。このように「仲間の姿を通して学ぶ」ことがグループワークの意義です。また、学んで変わろうとしている仲間の姿を間近に見ることで刺激や勇気を受けるというのも、グループワークの大きなメリットです。

本音をいい合える場と仲間

　グループワークはどのように進んでいくのか、「怒りのメリット・デメリット」というテーマで加害者が意見を述べ合うシーンを再現してみます。

栗原「まず、怒りのメリット、怒ってよい点はなんですか？　①さんからどうぞ」
①さん「自分は変わらなくても相手が変わってくれるので楽」
②さん「自分の思いを強く伝えることができる」
③さん「一時的ですが相手を思いどおりに動かすことができる、要するに支配できる」
④さん「話を優位に進められる」
⑤さん「自分の心境を伝えやすい。たとえば、仕事で嫌なことがあったりしんどかったりするときに、怒ったほうが伝わりやすい。怒るぐらいしんどいんだと」
栗原「それでは、怒りのデメリット、悪い点はなんですか？」
⑥さん「相手の心に壁《かべ》ができやすい。私の妻は完全に心をブロックしてしまって、私が怒らないような行動しかしてくれない。やるべきことはやっているけれども、気持ちが全然こもっていない。離れてしまっているのを感じます」
栗原「怒りによって関係性が壊れてしまう。こう思った方は手をあげてください。全員ですね。ほかには？」
⑦さん「罪悪感で落ち込む」
栗原「罪悪感を持っていた方は手をあげてください。これも全員。罪悪感があるのに、なぜまた暴力をくり返すのですか」

⑦さん「愛だと思っているから」

栗原「妻や子どもに対する愛だと思っていた人は？　７人。では、愛ではないと思っていた人はどのように感じていましたか？」

⑧さん「そこまで人が嫌がることをする相手が異常だと思っていた。自分がおかしいのではなく、そこまでさせる相手のほうがおかしいと思っていました」

栗原「⑧さんのような思いで怒っていた方は？　半分以上ですね。関係性が壊れて相手が離れていってしまうと不安が増したという方は？　全員。では自己嫌悪が増した方は？　これも全員。ほかには？」

⑤さん「自己嫌悪感が増すというのと同じかもしれませんが、相手に対する怒りという刃《やいば》は、そのあと自分に向かってくるんです。それで、すごく自分を責めて、もう死にたくなるぐらい追いつめられる」

栗原「自殺願望？」

⑤さん「死にたいというよりも、この世の中から自分がいなくなりたい」

栗原「『いなくなりたい願望』が起きた方は？　８人、結構多いですね。そこまでいくのに、なぜまた暴力をくり返すのですか？」

⑥さん「たぶん、自分を見捨てたくなるのと、相手を傷つけるというのが同じことだから。

もともとは同じメカニズムだと思う。自分を傷つけたくなる気持ちがどこかにあるときは、なにかのきっかけでそれが相手に向かい、相手への怒りになると思うんです」

栗原「そうすると、相手が嫌なことをするからやるだけではなく、自分に対する怒りから相手に対してまた怒りが出てしまうということですか？」

⑥さん「そうではなくて、それぞれ異なる怒りであり、1周期（蓄積期↓爆発期↓ハネムーン期）が終わったら、そこでその怒りのループは終わると思います。たとえば、明確に自分のことが嫌で相手を傷つけたら、それで自分への怒りは終わるんです。ただ、どこかに怒りの火種《ひだね》みたいなものがあって、次に、相手のほうが『なんでそんなことをするんだ』と思うようなことをしたときに、またその怒りの火種が大きくなる。だから、どちらの怒りも根っこは同じところにあるのかなという気はします」

栗原「相手に対して『なんで嫌なことをするんだよ』って怒っているけれど、怒るというのは自分で嫌なことなので、そういう自分に対してもまた怒りが起こる、ということですよね」

⑥さん「そうです」

栗原「こうしてみなさんの話をいろいろと聞いていると、怒りのメカニズムが少しずつ解けてくるでしょう。それでは、怒りのメリットとデメリットとをあげてみて、なにか気づきはありますか？」

②さん「デメリットの数が圧倒的に多い」

⑨さん「メリットは短期的なものですが、デメリットのほうは長期的に見てもすごく大きいな影響がある」

栗原「相手の気持ちが離れてしまうとかね。そこから気づきませんか？　メリットは自己中心的なものですよね。自分の気持ちをいかに伝えるかとか、自分のことしか考えていない。でも、デメリットのほうは相手のことを考えていますよね」

⑩さん「怒りのメリット・デメリットなんて、いままで考えたことがありませんでした。メリットは絞《しぼ》り出さないと出てこないし、出てきても短期的で相手のことをまったく考えてないことしか出てこないということがわかった。怒りというものに対する理解が少し深まったかなと思います」

グループワークには、半年以上通っている学びのベテランもいれば、初めて参加するという人もいます。慣れないうちはなかなか意見をいえない人もいますが、活発に発言をする学びの仲間の姿を見るうちに、徐々に意識が変わっていきます。

個人面談を受けた時点では「自分だけでなく妻も悪い」と被害者意識が抜けず、プログラム参加に積極的でなかった人も、グループワークを数回受けるうちに加害者意識に目覚めていきます。

参加者は20~70代と年齢もバラバラですが、ステップのグループワークは自分の傷つき体験や悲しみ、弱さなどの率直な思いを、人目を気にせずに出せる場でもあります。そうしたリアルな体験を話したり聞いたりすることこそが、人の心を動かします。

実際にグループワークを通して大きな変化を感じた加害者の事例を紹介します。

事例　聞く耳を持たない頑固者の私を学びの仲間が変えてくれた

プログラムに参加することになったきっかけは娘に強くすすめられたことでした。しかし、当時の私には妻に対してDVをしているという感覚はなく、まして、60代にもなって夫婦生活に他人様のアドバイスを受け入れる気持ちなど毛頭《もうとう》ありませんでした。ですから、グループワークも娘の顔を立てるために2、3回通ったらやめるつもりでいました。

ところが、5回目の「執着」についてのグループワークに参加したとき、表現しがたいほどの衝撃を受けました。これまで自分がやってきたのは「こだわる・しがみつく」という執着であり、それがどれほど身勝手なことだったか、ディスカッションを通して初めて気づいたのです。

また、学びの仲間が本音で討論している姿にも深く感銘を受けました。「変わろう」として自身と真剣に向き合っている仲間たちの姿を見て、これは自分自身を見つめる絶好の機会だと思い、ステップに対する考え方をあらためました。

このとき以降、プログラムを終了した現在も、ステップで学んだ「考えが、行動が、習慣が、性格が、人格が変われば、人生が変わる」を毎日欠かさず唱えています。

そして、長いあいだ、こんな私のＤＶに耐えてきた妻のために自分の生涯をかけて感謝しつづけ、いつの日か妻が私を本心から許せる気持ちになり、「この人と一緒でよかった」といってくれる状態になるまで、これからも日夜精進《しょうじん》して償《つぐな》いつづけていく覚悟でいます。

頑固者《がんこもの》の私がこのように「考えあらためる」ことができたのは、グループワークで恥も外聞もなく本心からいい合えた学びの仲間のおかげです。

事例　仲間の助言に助けられ人間関係が好転した

初めてステップを訪れたとき、理事長もスタッフもみなさん明るくて、とても加害者のくるところとは思えないような雰囲気でした。そうしてグループワークに参加してみると、集まってくるのはみんな加害者であるにもかかわらず、なぜこのように明るいのかと、違和感を覚えるほどでした。それは、ステップでおこなうのはカウンセリングではなく、精神的自立を目的とした学びの場であるからだと気づくのは、それから何ヵ月も先のことでした。

グループワークに参加しはじめた最初の3ヵ月は、「私も悪いが、妻も悪い」という被害者意識がなかなか抜けませんでした。そういう私に、先輩にあたる学びの仲間が、私が妻にしてきたことをノートに書き出してみてはどうかと助言をしてくれました。

そこで、できる限り思い出してノートに書き出し、あらためてそれを読んでみると、「自分は妻に対してこんなにひどい仕打ちをしていたのか」と愕然《がくぜん》としました。自分のしてきたことを客観的に確認することで、初めて加害者としての自覚が持て、妻の傷の深さに気がつくことができました。

すると今度は、「こんな自分が更生して意味があるのか」「被害者である妻の前から消えたほうがいいのではないか」と思い悩むようになりました。しかし、このときも、仲間から「笑顔で前向きになれないのなら、まずは形から入ってみてはどうですか」という助言をもらいました。

それで、誰に対するときも、とにかく口角《こうかく》を上げて相手の目を見て明るく話すことを心がけるようにしたところ、周囲の反応に変化がありました。それはとてもあたたかく気持ちのいい感情でした。

じつは、私は子どもの頃から好き嫌いが激しく、人間関係でのトラブルが絶えませんでした。しかし、このとき、「自分が変わらなければ、なんにもよくならない。自分の行為をまず変えること。それによって人との関わり方が変わるんだ」ということを身をもって知りました。

こんなふうに、学びの仲間から折にふれてよい助言をいただきました。それを素直に受け入れて実践して、本当によかったと感謝しています。

自己肯定感が上がると怒りが消える

これまで６００人以上の方が加害者更生プログラムを受けて「変わる」ことができ、ステップの学びを終了していきました。みなさんそれぞれにＤＶ克服《こくふく》への悲喜こもごものエピソードをお持ちですが、そのなかでも私が感動した佐藤さん（仮名）のケースを紹介します。

事例　妻と一緒に出ていった子どもたちが自分たちの意思で戻ってきてくれた

ある日突然、妻が二人の子どもを連れて家を出ていきました。DV被害者を一時的に保護するシェルターに逃げ込んだのです。それまでは、自分がDVの当事者、それも加害者であるなどとは考えたこともなかったので、とても驚き、ショックを受けました。

しかし、妻がDVシェルターに逃げたことで、あわててネットでDVについて調べ、初めて自分のしていたことがDVだということに気づかされたのです。

妻とは連絡がとれず途方にくれましたが、ネットで調べるうちに加害者更生プログラムのことを知り、妻や子どもたちを取り戻したいという気持ちはもちろんですが、「変わりたい」という強い思いから、ステップの門を叩《たた》きました。

そうして、ステップに通うことになって、僕は自分の中にとても大きな悲しみがあることに気づいたのです。

その悲しみの正体をひもといてみると、それは、子どもの頃の傷つき体験でした。

家では父親から愛情という建前の怒りのげんこつ制裁《せいさい》が毎日のようにあり、学校では先生からの体罰をしばしば受け、さらに、友だちからも仲間はずれにされて……つらくてさびしい思いをしながら幼少期を過ごしました。幼かった僕は、そういう負の感情をどう浄化していいかわからないまま、自分の中で抱え込みつづけたことで、それはどんどん大きくなっていきました。

そうして、悲しみを解消することなく大人になってしまった僕の心は、むなしさでいっぱいでした。だから、誰かに癒やしてもらいたくて、いちばん近くにいるパートナーにそれを求めた。愛をもって癒やしてほしいと。いまなら、他人に欲求を満たしてもらって心を癒やそうとするのは困難だと知っています。ですが、その頃は、思いどおりに癒やしてくれない妻に対して怒りを感じ、暴力でそれを叶えようとしたのです。かつて父親が僕にしたように、僕にとってそれは、正義であり愛でもある。だから当然のことをしているだけで、自分が間違っているとは思いませんでした。

ただ、暴力がいけないことだということは、僕も頭ではわかっています。だから、怒り行動をしたあとには、大きな罪悪感が残ってしまう。そうすると、自分の中の悲しみがまた増えてしまうのです。

そうして、その悲しみを癒やしてほしいと相手に求めていくものの思いどおりにはならず、またしても不健全に相手をコントロールしようとして怒ることになり、結果、罪悪感をおぼえてまた悲しくなる。そういう負のスパイラルにおちいって抜け出すことができず、DVはどんどんひどくなっていきました。

じつは、そういう怒りの対象は妻だけではありませんでした。長男に対しても、自分が父親からされたように教育と称して殴《なぐ》る蹴《け》るの身体的暴力をふるっていました。

妻と長男は、僕の悲しみのはけ口だったのです。

その二人が突然いなくなったことで、否応《いやおう》なく自分自身と向き合わざるをえなくなり、自分の中の深い悲しみに気づいたのです。

そうして、プログラムを通して自分の悲しみに気づくとともに、自分の悲しみは自分自身で癒やさなくてはいけないことを学んだことで、自分なりにセルフケア法をいろいろと考えて実践するようになりました。

ひとつは、リフレーミング。

父親からの虐待や先生の体罰、いじめなどを受けて育ったことで、僕の中には、暴力容認主義や被害者意識など不健全な思考がいっぱい入っており、それゆえに、なにごとも悪いほう悪いほうへととらえてしまうひどいマイナス思考でした。

それを、ひとつひとつリフレーミングしていったのです。たとえば、「妻が家を出ていってくれたから、僕はこうして気づくことができたんだ」という具合です。

もうひとつは、よかった探し。

日々の生活のなかで、「うれしいな」と思うことがあると、どんな小さなことでも心にとめました。コンビニの店員さんが明るい声で挨拶してくれたとか、そういう小さな出来事を流してしまわず、「うれしい」「よかった」と心に刻むようにしました。

そして３つめは、自己肯定感を上げるために、小さな目標を最初は３つ、慣れてきてからは５つ掲げて、それを達成するという方法。

たとえば、「朝起きてお花に水をやる」というような簡単な目標でも、実際にやることですごく達成感を得られるんです。また、このとき重要なポイントは、「すごい、俺にできたよ」「ちゃんと達成できた、うれしい」と、自分をきちんとほめてあげること。

そうして、なにかしら目標達成した自分をほめることを毎日つづけていると、３ヵ月ぐらいで自己肯定感がかなり上がってきたのを感じました。すると、悲しみも取れてきたのです。

僕は、小さい頃から父親に「お前はダメなやつだ」とずっといわれつづけたことで、無意識のうちに自己否定をするようになっていた。だから、悲しかったんだと思います。

そうして、セルフケアをすることで悲しみを減らしていったら、怒りが出てこなくなりました。すると、徐々に「関係をよくする身につけたい7つの習慣」（傾聴する、支援する、励ます、尊敬する、信頼する、受容する、意見の違いを交渉する）など健全な愛情表現ができるようになってきました。

その間、出ていった妻子とは直接会うことができず、妻からは代理人を通して離婚を求められていました。

ステップでの学びは中断したこともありましたが、やがて、52回のプログラムを一通り終了することができました。しかし、僕は卒業することなく学びつづけることを選びました。

そして、本当に久しぶりに子どもたちとZOOMで会えることになったのです。

子どもたちにはいろいろ聞きたいこともありましたが、「これからは妻や子どもたちの心に寄り添って生きていこう」と決心をしていたので、子どもたちのしたい会話にひたすら耳を傾けました。それで、二人があるオンラインゲームに夢中だということがわかりました。子どもたちの気持ちを理解したいと思い、そのゲームのことを調べ、自分でもやってみました。それからは、子どもたちとはZOOMで会うたびにゲームの話をし、一緒にオンラインでプレイもしました。

３週間ほどが経ったころ、子どもたちが直接会いにきてくれたのです。そのときもゲームをして楽しく過ごしました。それ以降、子どもたちは頻繁《ひんぱん》に僕のところにきてくれるようになり、やがて、僕のところに戻りたいといって、二人で帰ってきてくれることになったのです。

かつて、あれほどひどいことをした僕のことを、長男は受け入れてくれたのです。

ただ、妻はいまだに会おうとはしてくれません。自分が変わったことを少しでも知ってほしいと思い、子どもたちを通してリフレーミングノートを渡してもらいましたが、反応はありません。そこまで僕は彼女のことを傷つけていたんだと、あらためて反省をしています。

そういう状況なので、妻は僕が子どもたちを誘拐《ゆうかい》したと思っているようですが、子どもたちが「そうじゃないよ、僕たちは自分の意思で帰ったんだよ。お母さんも戻ろう」といって妻を説得してくれているようです。

ただ、子どもたちも揺れているようで、「ママに対して正直、罪悪感がある。本当にここに帰っちゃっていいのかな。ママがかわいそうだよね」と長男がいうので、僕は「いつでもやめていいんだよ。おまえたちの思いを尊重するから大丈夫。安心して」と伝えました。すると、二人で話し合ったようで「やっぱり自分たちで決めたとおりパパのところに戻る」といってきました。子どもたちは、いまのところそういう選択をしたようです。

でも、もしもこの先、子どもたちの気持ちが変わることがあっても、僕はつねに彼らの話を傾聴し、思いを受容していくつもりです。

長男の話では、最近の妻は「離婚調停を取り下げるか、考える」といっているそうです。妻とのことはどうなるかわかりませんが、子どもたちのことは児童相談所や教育委員会、警察の安全課にも話をし、転校をする手続きもして、一緒に暮らしていく準備を整えています。

じつは、ステップのほかにも、これまでカウンセリングや認知療法、催眠《さいみん》療法など、いろいろな方法を試しましたが、なおりませんでした。それは医師やカウンセラーに〝依存〟していたからです。焦点は他人に当たっていました。しかし、ステップでは自分の欲求は自分で満たす。相手に影響されて反応するのではなく、すべての思考や行為はみずからが選択したものだと学びました。その真理がいまの僕を支えています。

僕はひきつづきよい思考と行為を、みずから選択しつづけていきたいです。

自己肯定感を高めるためには、ありのままの自分を受け入れること
関係をよくする身につけたい7つの習慣を自分に使うこと
――「よい人間関係を築くためのお手伝いカレンダー」より

変われたかどうかは、被害者が判断

プロローグでも述べたとおり、更生プログラムを受けにステップにやってくる加害者のうち、２割はＤＶをやめられません。

変わることのできない加害者に共通するのは、「妻が悪い」という被害者意識が抜けず、「変わりたい」「変わろう」という強い意志を最後まで持てずにいることです。

そういう人は、プログラムを受けていても真剣に聞いていませんし、実践もしません。なかには、妻に対して「今日はこういうことを習ったから、お前やってみろ」という人もいます。これでは、なおるわけがありません。

たとえば、ＤＶ加害行為の原因のひとつにパートナーへの依存があります。依存症をなおすのに、もっとも重要なのは自己の強い意志です。本人に「絶対にやめる」という強い意志

がない限り、どれほどステップに通っても、依存を断ち切ることはできません。

自分を変えられるのは自分だけ。

「自分を変えよう」という強い意志を持って学ぶことで、DVを断ち切り、DVから自分と自分の愛する人とを救うことができるのです。

ですから、学びの途中からでも「変わりたい」という気持ちを持てた人は必ず変わります。これまでプログラムを受けた加害者の8割はDVをやめることができています。

ただし、**なおったかどうかを判断するのは、被害者**です。

更生プログラムは、グループワークをすべて受けることで「終了」となりますが、加害者の変化が早く、被害者もそれを感じて納得をしたことで、プログラムの途中で受講をやめる方もいます。

一方で、**加害者本人が「自分は変わった、なおった」とどれほど思っていても、被害者が認めなければ、変わったことにはなりません。**たとえば、言葉の暴力や精神的な暴力は、被害者でなくては気づきにくいものです。

また、加害者が変わったことを被害者が認めて受け入れても、それが「完治」というわけではありません。

そもそもＤＶは病気ではありませんから、「治療」という概念はあてはまりません。

ＤＶの原因は、加害者のゆがんだ価値観や考えです。価値観や考え方というのは、知識や経験、状況によって変わります。だからこそ、更生プログラムで学ぶことでゆがんだ価値観や考えを正すことができるのですが、逆もまた起こりえます。

なにかの拍子に、ゆがんだ価値観や考えが頭をもたげることもないとはいえません。

プログラムを受けて変わることのできた加害者は、みなさんそのことをよく理解していま す。プログラムを終了した方のアンケートを見ると、そのことがよくわかります。

「一生かかって償っていきます。ゴールは死ぬときに、あなたでよかった、と妻にいってもらうことです」

「これからもステップで学んだことを土台として、よい習慣を身につけていきます」

「これからも『変わった』と○にすることなく、一生しかるべき変化をしつづけていきます」

「これからも日夜精進しつづけていきます」

「学びと実践、そして反省を忘れず、豊かな人間に変わって、家族を支えていきます」

このように、**プログラムの終了がむしろスタートだという意識**を持っている人がほとんどです。プログラムを終了したあとも「学びつづけたい」と不定期ながらプログラムを受けつづける方もいます。

そうした自分に対する「危機意識」のようなものがあるからか、ここで学んだことが習慣化した方は、そのまま元に戻ることなく頑張ることができています。

元被害者であった奥さんたちにうかがうと、「夫は元気で、あれ以来、まったく怒りません」という方がほとんどです。

「自分を変える」というのは、最初は難しいハードルであることは間違いありませんが、変化していく自分に慣れてしまえば、「新しい自分」でありつづけることは決して難しいことではなくなります。

被害者が加害者になる「揺り戻し」もある

加害者が変化して怒らなくなってくると、逆に、被害者が怒りをあらわにするようになることがあります。要するに、**加害者と被害者の立場が逆転したようになる**のです。

「あなたは私にずっとこういうことやってたじゃない」「こんなひどいこともしたし、あんなこともした」と、まるでシャンペンの栓《せん》を抜いたように、被害者が加害者のことを次から次へと何日も何日も責めつづけることがあります。

それは、被害者がずっと苦しい状況を**我慢してため込んできたストレスを一気に吐き出している「揺り戻し」現象**です。

被害者も人間ですから、「やられたらやり返したい」という本能が働くのでしょう。「これまでのことはきれいさっぱり水に流して」というわけには、簡単にはいきません。

加害者はそれだけのことをしてきたのですから、覚悟しましょう。

もしもパートナーに揺り戻しが起こったら、**とにかく言い訳をしないで黙《だま》って聞きつづけるしかありません。「傾聴」と「受容」です。**

被害者によっては、揺り戻しが半年ぐらいつづくこともあります。ですが、一生つづくわけではありません。怒りつづけるのにもパワーが要《い》ります。もともと被害者は怒り行動を選択する人ではありませんから、本来の目的にない行為をしつづけることに疲れてきます。

被害者の心が落ち着くまで、待ってあげてください。これまでの償いと思って、耐えてください。被害者がこれまでずっと耐えてきたことを考えれば、決して理不尽なことではありません。

とはいえ、相手の一方的な攻撃に耐えるのは、元加害者であっても大変なようです。妻の揺り戻しを体験中の方からはこのような相談をよくされます。

「被害者には3ヵ月ぐらいガス抜きで攻撃的になる期間があるというのは聞いていましたが、まさにそれを耐えているところです。ただ、そのことがわかっていても、正直、腹の中では結構ムッとしていて、あからさまに口数が少なくなったりしてしまいます。

なんとか、ムッとした感情が長つづきしないよう、いわれたことをいいほうに解釈するリフレーミングをしているのですが、それがうまくいくときとうまくいかないときがあって、ちょっと嫌な感じがお互いに残ることがあります。『なんでそんなことをいわれなきゃいけないのか』と思ってしまうのです。どうしたらいいでしょうか」

コツは「受け止めるけれど、受け入れるかどうかは選択」

私はこんなとき、「受け止めるけれど、受け入れるか受け入れないかは選択していい」とお伝えしています。

「受け止める」と「受け入れる」、似ているようで違う言葉です。その違いはこういうことです。

たとえば、相手がなにかをいったときに、それが自分にとっていい話ならなんの問題もありません。

ですが、人格否定や真実と違う場合、自分としては納得しがたくても、相手はそのように思っているわけですから、そこはいったん手のひらに乗せて、「ああ、きみはそう考えているんだね」と受容します。これが「受け止める」です。

被害者からどんなひどいことをいわれても「そうなんだね。わかったよ」と、とりあえずすべて受け止めます。

そして、あとから吟味《ぎんみ》して、「たしかにそうだな。なおしていこう」と思うものは、自分の中に「受け入れ」ます。でも、「自分はどうにも賛同できない」というのであれば、横に置いておきます。

つまり、ファーストステップは「受け止める」。セカンドステップでは、いいと思うものは自分の中に受け入れ、いいと思わないものは受け止めるけれどそのまま置いておく、それを「選択する」ということです。

「受け止める」と「受け入れる」を使い分けられるようになると、人と衝突《しょうとつ》することが少なくなり、スムーズな人間関係を築けるようになります。

売り言葉は買わない。同じ土俵に乗らない

——「よい人間関係を築くためのお手伝いカレンダー」より

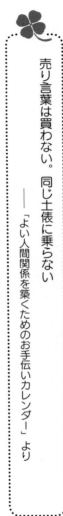

第5章　パートナーといい関係を築く方法

いい夫婦関係とは――お互いの違いを認め、それを楽しむ

第2章で「ケンカとDVとの違いは、その関係性が対等か対等でないか」と話しました。

つまり、**夫婦が対等の関係であれば、ときにはケンカをしながらも、うまく寄り添ってい**
けるということです。対等の関係とは、いいかえれば、なににおいても同じぐらいの力関係ということです。

しかし、実際には、人はそれぞれ持っている能力も違えば、置かれている立場や役割も異なります。たとえば、共働きであっても、どちらがより稼いでいるかで収入面での優劣《ゆうれつ》ができ、力のバランスが崩れやすくなります。

そのバランスをうまくとるには、「妻のほうが稼ぎはいいけれど、夫のほうが生活力があって料理が上手」というように、総合的に見てバランスをとること。

つまり、**自分にはない相手のいいところを認めること**です。

離婚の原因の1位は「性格の不一致」ですが、これは違いを否定しているということ。違いを否定するということは、「正しいのは自分、間違っているのは相手」というふうに、お互いの異なる点を「正しいか、間違いか」で判断をし、間違っている相手を変えさせようと

する「力による支配関係」を生みます。だから、うまくいかなくなるのです。

「自分が正しい病」にかかっている加害者には、

「相手の靴を履《は》いてみなさい。そうすると大変さがわかったり、いい点がわかったりしますから」

と伝えます。要するに、**「被害者と同じことをやってみなさい」**ということです。

先日も、妻が出ていってもう1年になるという加害者の方にそのように話したところ、

「生まれて初めて揚げ物をつくったら、油がいっぱい飛び散って、後片付けが大変でした。それに、油をどうやって始末すればいいのか、途方にくれました。妻はこんなに大変なことをやっていたんだと思ったら、彼女のことをすごく尊敬できました」

と語っていました。

相手の尊敬できる面を見つけるというのは、とても重要なポイントです。

本来、夫婦というのは支え合うものです。そして、「支え合う」というのは、お互いに足りないところを補い合い、助け合っていくことです。それには、**お互いの違いを楽しむという気持ちも大切**です。

作家の阿川佐和子《あがわさわこ》さんがこのようなエピソードを語っていました。

阿川さんは63歳のときに年上の男性と結婚しましたが、新婚早々、朝食の目玉焼きの焼き方や、料理には黒コショウか、白コショウか、皿をどの順番で洗うかといった小さなすれ違いがあり、趣味も違うことなどでぶつかったのだそうです。

そのとき、ご主人から、「いいじゃないか、趣味が倍になって」といわれてハッとなり、「倍になると考えれば、趣味が違うことも楽しいのかもしれない」と思ったそうです。

パートナーは「もっとも近い他人」ですから、価値観や思考など異なることはたくさんあります。それを「合わせないといけない、それが仲よし夫婦」と思うと、我慢《がまん》比べのようになってストレスがたまり、怒りにつながりやすくなります。

違いを無理に合わせようとして苦労するのではなく、**違いを受け入れることで楽しみが増える**と思ったほうが人生は楽しく、豊かになります。

理想の愛情表現も人それぞれ

見落としがちですが、じつは、愛情表現にも人それぞれ好みや理想、つまり「上質世界」があります。

私たちの頭の中には具体的な形で「こうしたい」「こうしてほしい」という理想や願望が

入っています。それが「上質世界」でした。

愛情表現においても「こんなときに、こんな方法で、愛を伝えてほしい」という理想を、みんなそれぞれ持っています。

その理想がお互いに合っていればいいのですが、大きく異なるとうまく愛情が伝わらず、「この人は私のことをちっともわかってない」「愛してくれていない」という気持ちのすれ違いが起きることになります。

夫婦であっても、**相手に届くように「愛」をきちんと伝えることはとても重要**です。

ここで愛情表現について考えてみましょう。

愛情表現、つまり愛の伝え方には、おもに次の５つの方法があります。

【愛を伝える５つの方法】

１言葉……「愛している」「君のことがなにより大切」など

２サービス（実践）……相手が「こうしてほしい」と思うことをしてあげる

３クオリティタイム……一緒に旅行に行くなど同じ時間を共有する

４スキンシップ……手をつないだり抱擁《ほうよう》したり相手と触れ合うこと

5プレゼント……誕生日や結婚記念日に贈り物などをする

あなたはどの方法で愛を伝えてもらうのが理想ですか？

「すべて」という贅沢《ぜいたく》な人もいるかもしれませんが、自分が相手に対してすべてできるかどうかを考えたら、相手にそれを求めるのは酷《こく》ということはすぐにわかるでしょう。

よくあるのは、たとえば贈り物をもらうのが好きな人は、相手に対する愛情表現としてプレゼントを選ぶというように、自分がしてもらってうれしい方法を相手に対してもすることです。

ところが、相手の好む愛情表現が「愛している」という言葉をいわれることだった場合、プレゼントによる効果は思うほどには得られません。相手の願望にプレゼントは入っていないので、物をもらっても相手はたいしてうれしくないのです。

人それぞれ理想や願望が違うため、相手の望みを知らないと、このようにズレが生じてしまいます。そして、夫婦間ではそのズレが、しばしば怒りの原因となり、ひいてはケンカの原因になっています。

ステップの更生プログラムを受講したある加害者のケースをご紹介しましょう。

その人自身は贈り物をもらうことが好きなので、関係がギクシャクしている妻のご機嫌《きげん》をとろうと誕生日に花束をプレゼントしたところ、妻は喜ぶどころか「こんなものいらない」といって突き返し、こういったそうです。

「私が望んでいるのは、私が『こうしてほしい』といったことをあなたがすぐにしてくれることよ。洗い物をしてほしいといったらすぐしてくれる、洗濯をしてほしいといったらすぐしてくれる。そうやって、ささやかでも私の望みを叶《かな》えてくれると、私は愛されているんだなぁと感じるの。こんな花束なんかもらってもちっともうれしくないわ」

妻の話から察するに、彼女の好む愛情表現法はサービスだったのです。

このケースのように、**自分は愛情表現だと思ってやっていることが、独りよがりの押しつけにすぎず、相手に少しも伝わっていない**ということがよくあります。

こういう状況のことを「気持ちのすれ違い」とよくいいますが、実際にズレているのは、お互いの願望、つまり「上質世界」です。ということは、**相手の上質世界を知ることで、こうしたすれ違いを防ぐことができます。**

相手の「上質世界」を知り、支援する

相手の上質世界を知るには、相手に関心を持ち、ふだんから相手のことをよく見て、話に耳を傾けることです。すると、

・相手にとって気分のいいもの
・相手が手に入れたいと願っているもの
・相手がこだわっているもの

そうした相手の願望や理想という「上質世界」が見えてきます。

もしも、相手が自分とは正反対の「上質世界」を持っていても、決してそれを否定してはいけません。そんなことをすると、あなた自身が相手の「上質世界」から追い出され、関係が遠ざかってしまいます。

「相手の上質世界を受け入れる」

それはいい人間関係を築くうえで絶対に欠かせない要素です。

さらに、**関係を良好に発展させるには、**あなた自身が相手の「上質世界」に入れてもらう

ことです。それには、相手が「上質世界」を手に入れられるよう支援すること。つまり、**相手の欲求充足を満たすサポートをすること**です。

誰しも、自分の欲求を満たそうとしてくれる人、つまり自分を心地よくしてくれる人には、好意を抱きます。

先ほどの愛情表現でいえば、自分の好みの方法ではなく、相手の好む方法で愛を伝えるのです。相手の好む方法で愛情表現をすれば、その効果は何倍にもなります。

第４章でもいいましたが、自分の欲求は自分で満たし、もしも相手に満たしてもらえることがあれば、とても「ありがたい（有り難《がた》い）」こととして感謝をすることが重要です。そのうえで、さらに相手の欲求充足の支援をする。

ただし、それを相手が感謝してくれるかどうかは、相手の自由です。もしも感謝してもらえたら、それも「ありがたい」ことと感謝して受け止める。

選択理論を身につければ、相手との違いからも幸せが生まれるようになります。

愛とは他者中心に生きること。大切にすること
相手に自由を与えること。相手の望みを叶えてあげること
――「よい人間関係を築くためのお手伝いカレンダー」より

「愛のピラミッド」――二人の絆が深まる4段階

もともとは他人同士である夫婦がいい関係を築き、絆《きずな》を深めていくには、段階があります。夫婦の絆は4段階のピラミッドのような段階をへて強くなっていく、これを私は「愛のピラミッド」と呼んでいます（225ページ図表10）。

まず、**ピラミッドの土台**、いちばん基底となるのは、**「お互いに自立」**していること。ここでいう「自立」とは、「自分の欲求は自分で満たす」ことです。

これまで述べてきたとおり、本来、自分の欲求は自分自身でしか満たすことはできません。ところが、**関係のうまくいかない夫婦は**、たいていどちらか一方、もしくは両方ともが、**相手に自分の欲求を満たしてもらうことを期待しています。**

しかし、相手には相手の欲求があり、それにしたがって行動するため、自分の思うようにはしてくれません。すると、そこに「やってくれない」という不満が生まれます。お互いに相手に欲求充足を依存している共依存の場合には、しょっちゅう**「こうしてくれない」「ああしてくれない」という文句のいい合いが起こる**ことになります。

そのようにお互いが「くれない族」になってしまうと、コミュニケーションをとるたびに関係は悪化していきます。

とくにＤＶ加害者には、自分の欲求充足をパートナーがするのが当たり前だと思っている人が多い。たとえば、外で働いてストレスを抱えて疲れて帰ってくると、パートナーに優しい言葉をかけてほしい、癒《い》やしてほしい、自分の機嫌をパートナーになおしてほしいと考えています。要するに、ＤＶ加害者はみんなパートナーに依存しているのです。

ですから、更生プログラムにくる加害者の方には、

「欲求は自分で満たしてください、それが自立です」

とまずお伝えします。そして、自立できるようにいろいろなサポートをしていきます。

たとえば、「力の欲求」の強い人には、自分で自分をほめる「ほめ日記」を書いてもらったりします。「愛・所属の欲求」の強い人には、まず自分で自分を大切にして愛することが大事だと説き、自分がほっとする時間や好きな時間をつくることを提案します。

こうして自分の欲求を自分で満たす訓練をすることで、妻がいないと何もできなかったような人でも、自立できるようになります。

自分の欲求は自分で満たす――これは夫婦である前に、ひとりの人として重要なことです。

ただ、お互いに自立できていても、それぞれが自分で自分の欲求を満たすだけであれば、結婚する必要はとくにありませんね。

それでは、なにが結婚生活の絆を生むのでしょうか。

それは、**お互いに相手の欲求充足の支援をし合うこと**です。

基本的欲求には「愛・所属の欲求」「力の欲求」「自由の欲求」「楽しみの欲求」「生存の欲求」の5つがあり、どの欲求が強いかは人それぞれ異なります。

相手はどの欲求が強いのかを知り、それを満たすサポートをしてあげるのです。

たとえば、力の欲求がとくに強い相手なら、ことあるごとに相手をほめます。すると、相手は欲求が満たされて気分がよくなりますし、欲求を満たしてくれたあなたに好意を持ちます。

じつは、相手の力の欲求を満たすサポートをすると、自分の力の欲求も満たされます。つまり、相手の欲求を満たすサポートをすることで、自分の欲求も満たすことができるわけで、

図表10　夫婦の絆が深まる４段階

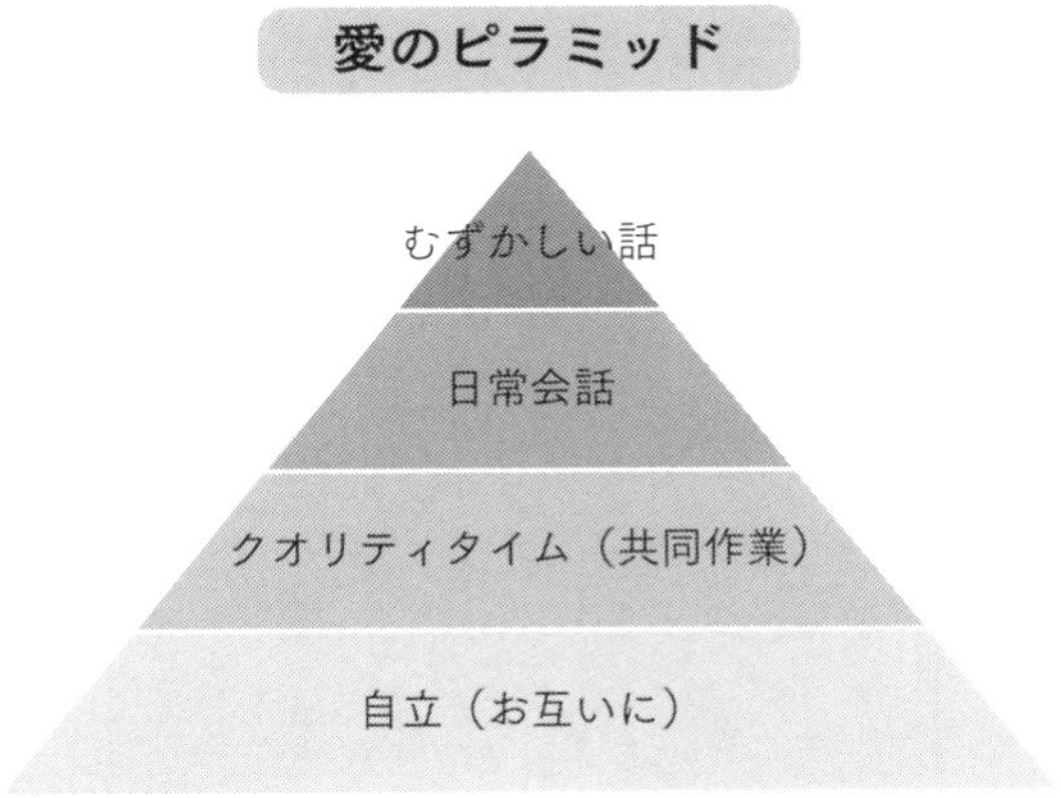

出典：日本選択理論心理学会

相手も喜ぶし自分も満足できる、いわば一石二鳥です。

自立してお互いにサポートし合う二人は、どんなふうになるでしょうか。これが第２段階の「共同作業」をすることで、一緒にいる時間が楽しくなります。この良質な時間を「クオリティタイム」といいます。

夫婦そろってショッピングに出かけたり旅行にいったり。こうしたクオリティタイムを過ごすとき、「くれない族」だとなにかにつけお互いに文句しか出てきません。

でも、相手の欲求充足支援をすることに焦点を置いていると、たとえば「○○できなくてごめんね」「いいえ、○○してくれたからうれしかった。ありがとう」というようにお互いに相手を思いやる言葉が自然に出てくるため、一緒にいる時間がますます楽しくなります。

また、同じ体験を共有することで、共通の話題が生まれ、会話が豊富になります。

そうすると**第3段階、何気ない「日常会話」がはずむ**ようになってきます。

じつは、ステップに初めてくる参加者で「日常会話ができている」という人は多くはいません。DV関係の夫婦の多くは、別居もしくは家庭内別居の状態にあり、直接の会話はほとんどなく、「お風呂がわきました」「わかりました」というように要件をLINEで伝え合うという、まるで業務連絡のようなやりとりのみになっていることもしばしばです。

とくに加害者には、家では「おはよう」「おやすみ」という挨拶《あいさつ》すらできないという人が珍しくありません。

そして、たわいのない会話が気軽にできる関係にないと、「むずかしい会話」はできません。それが**第4段階の「むずかしい話」ができる**ことであり、最終段階です。

たとえば、子どもをどこの学校に入れるのか、家をどうするかなど、夫婦のあいだには折に触れて真剣に話し合わなくてはいけないむずかしい選択を迫られる問題が起こります。しかし、日常会話すらできていないのに、いきなり深い話をすることなど到底できるものではありません。

自分の人生にまつわるような大きな出来事や子どもの将来など、夫婦同士でしかできないような**「むずかしい話」ができるのは、お互いに相手への信頼があってこそ。**それには、日頃からなんでも気軽に話せる関係をつくっておくことが大事です。

そしてそういう風通しのいい関係の礎《いしずえ》となるのが、自分の欲求は自分で満たし、そのうえで相手の欲求充足支援をするという「自立」です。

どんなに立派なピラミッドも土台がしっかりしていなくては、やがて崩れてしまいます。

加害者の方には、こうお伝えしています。

「夫婦関係の土台になるのは自立です。ですから、まずは自分の欲求は自分で満たしましょう。そして、自立できるようになったら、今度は相手の欲求充足支援もできるようになってください」

愛のピラミッドが完成できるかどうかは、土台であるその人の自立度にかかっている、そのようにいってもいいと思います。

「愛しているから結婚」でなく「結婚するから愛する」

よくいわれることですが、愛というものは育てていくものです。私は、しばしば加害者にも被害者にもこのようにお伝えします。

「愛しているから結婚するのではない、結婚するから愛するんだ、という視点を持ってください」

というのは、恋愛の賞味期限は3年で、それ以降は自然に喜びが薄れていくからです。

これは、恋愛の刺激によって脳内に分泌《ぶんぴつ》されていた快楽ホルモンのドーパミンの量が、3年ぐらい経って関係に慣れが生じると刺激が薄れて、低下してしまうためといわれています。

恋愛が3年しかもたないのは、本能のなせるわざ、ということでしょう。

では、それ以降はなにによって関係をつないでいけばいいのでしょうか。

ある生活用品メーカーのアンケートによると、「いい夫婦の秘訣《ひけつ》はなんですか？」という問いに対して、多くの人が「我慢とあきらめ」と答えたそうです。

ですが、ただ我慢をしたりあきらめたりするだけでは、「いい関係」を長くつづけることはできません。

離れようとしても離れられない関係のことを「腐《くさ》れ縁《えん》」とよくいいますね。この言葉にはなんとなく否定的なニュアンスがあり、いいイメージがありません。

ですが、語源としては「鎖縁《くさりえん》」が転じたものであり、もともとは「どんなに離れていても、まるで鎖でつながれたように離れられない関係」のことを指していたという説があるそうです。つまり、離れようとしても離れられない関係というのは、むしろ「運命」で結ばれているということです。

夫婦関係を「腐れ縁」だと思うか、それとも「運命」だと思うか。

両者の違いは、お互いに相手のことをどれだけ大事に思い、そのように扱っているかです。

パートナーに「私たちは運命でつながれている」と感じ、**「二人の関係を大事にしたい」と思ってもらいたいのなら、態度で示すこと。**つまり、相手に愛を感じてもらえるような行為、いわば「愛の行為」をすることです。

日常会話を交わすことも含めて、「愛のピラミッド」は「行為」によって成り立っています。行為であるなら、「やろう」という意思さえあれば実践することができます。

たとえば、相手の話をよく聞く（傾聴）というのは、仕事相手など他人に対して当たり前にやっていることです。ならば、配偶者はもっとも身近にいる、もっとも大切な他人だと思えば、自然にできるはずです。

夫婦関係になると、相手に対する所有物感覚が出るため期待と甘えがひどくなって、相手のテリトリーに土足で踏み込んだり、逆に思いやりの表現に手を抜いたりしてしまいがちです。でも、「親しき中にも礼儀あり」です。

愛の行為の根底にあるのは、相手に対する礼儀。それは、相手を尊重しているからこそ出てくるものです。

夫婦であっても他人ですから、そういう一線を画《かく》すことは必要です。このようにいうと、ドライに聞こえるかもしれませんが、それは「いい距離感」を維持するコツ。

燃えるような恋愛感情はなくても、「この関係を大切にしていくんだ」という思いがあれば、お互いに「心地いい」と感じる関係を築いていけます。

愛情とは意思によって築きあげていくこと。意思と決意によって選択しつづけていくこと

――「よい人間関係を築くためのお手伝いカレンダー」より

「関係をよくする身につけたい７つの習慣」を使う

「愛のピラミッド」は「愛の行為」によって成り立っているという話をしました。愛の行為として具体的に身につけたい「内的コントロール」として、選択理論では次の７つをあげ、「関係をよくする身につけたい７つの習慣」と呼んでいます。

▼習慣１　傾聴する

「愛のピラミッド」の項でも日常会話の重要性について話しましたが、たわいない日常会話が夫婦関係を深めます。日常会話というのは中身のない雑談がほとんどで、男性には目的のない雑談が苦手な人も少なくありません。

夫婦のあいだに会話がないという人は、「傾聴」を身につけましょう。コミュニケーション能力の高い人は話し上手と考えがちですが、人との意思疎通《そつう》で大切なのは、相手の話を注意深く聞く「傾聴」というスキルです。

傾聴の目的は「相手がいいたいこと」「相手が伝えたいこと」にポイントをおいて、相手の願望を知ること。

ただ聞き手に徹して話の内容を理解するだけでなく、相手の表情や声のトーンにも注意を払い、**相手の気持ちに寄り添いながら聞く姿勢が大切**です。

たとえば、妻が話しかけてきたら、読んでいる新聞やスマホを置き、妻のほうをしっかりと見て話を聞く、それが傾聴の姿勢です。せっかく話をしていても、相手が真剣に聞いてくれないと、話す気が失せてしまいます。

また、自分の聞きたいことを聞くのではなく、相手が話したいことや伝えたいことを、相手の立場になって受容的な態度で聞き、言葉の背後にある相手の気持ちを汲《く》み取り、共感を示すことも大事です。

それには、**相手の話を途中でさえぎったり、相手の話が正しいとか間違っているとか判断を加えたりしないこと。**相手が何をいっても受け止め「そうなんだね」と返すことで、自分が理解していることが相手に伝わり、相手は「気持ちを汲み取ってくれている」と安心します。

男女を問わず、人は自分の話を真剣に聞いてくれる人のことが好きです。

傾聴は上手にコミュニケーションをとるための第一歩であり、いい関係を構築する基盤です。

会話の目的は相手の願望を知ること。自分の意見をいうことではない
――「よい人間関係を築くためのお手伝いカレンダー」より

▼習慣2　支援する

「相手の上質世界を知り、それを支援できるようになりましょう」と先に話しました。支援をするうえで重要なのは、**「相手がしてほしいときに、してほしい方法で、してほしい分だけ」**することです。

そのためにも、相手の上質世界をきちんと理解することが重要。そうでないと、支援のつもりが「押しつけ」になり、自分は正しいという外的コントロールの考え方で接することになりかねません。

▼習慣3　励ます

誰しも、落ち込んだときや悲しいときに、ひとこと声をかけてもらうことで、救われたような気になったり力づけられたりした経験があると思います。

ただ、励ましのつもりが逆にプレッシャーになったり不快感につながってしまうこともあ

るので、安易に言葉をかけたりしないよう気配りが必要です。頑張っている人に「頑張って」というのは相手をさらに追いつめてしまうことになりますし、「僕も大変なことがあったからわかるよ」という言い方は、「あなたとは状況が違う！」と相手の反感を買ってしまうおそれがあります。

励ましの基本は、相手を見守り、そっと寄り添うこと。ですから、まずは「なにかあったの？」「よかったら話してみて」と相手の話を聞き、「つらかったんだね」「よく頑張ったね」と共感を示すこと。つまり「傾聴」することです。

そのうえで、「大丈夫」「心配ないよ」「いつでも応援しているよ」「僕にできることがあったらいってね」というように、「僕はきみの味方だよ」という想いを伝えます。

共感を示しながら傾聴し、自分の想いを丁寧《ていねい》に伝えることで、気持ちは伝わるはずです。

▼習慣4　尊敬する

アドラー心理学では、「尊敬とは、人間の姿をありのままに見て、その人が唯一無二《ゆいいつむに》の存在であることを知る能力である」、そして「その人がその人らしく成長発展しているよう、気遣うことである」と定義されています。

選択理論でいえば、自分の価値観を押しつけようとしたり、相手を変えようと批判したり責めたりせず、**その人がその人であることに価値を置いて、**ありのままの相手を無条件に認め、**相手の欲求充足を手助けすること。**

人は、誰かから認められると、大きな勇気や元気を得られます。自分のことを認めてくれる相手に対して、心を開きやすくなります。尊敬の念をもって接することは、よい人間関係を築く土台になります。

「尊敬の念をもって接する」というと難しく聞こえるかもしれませんが、たとえば、「おいしいね」「いつもありがとう」などと、ことあるごとに感謝の気持ちを言葉に出して伝えることで、想いは伝わります。

お互いに自立した間柄として尊敬し合い、思いやりをもって接することが、夫婦円満の秘訣です。

▼習慣５　信頼する

夫婦関係において、揺るぎのない信頼関係はなによりも重要です。

その信頼を失うことになるのは、たいてい相手に対する期待が裏切られたときです。ということは、相手に対する信頼を失わないようにするには、相手に過剰な期待をしないこと。

怒りの原因も期待と現実とのギャップですから、期待をしなければ、怒ることも信頼を失うこともありません。

そもそも「信頼」というのは「信じて頼ること」。DV加害者には、妻の家事が気に入らないからといってキレる人が多いものですが、妻の領域である家事などは、自分の思うやり方とは違っていても、妻は「最善の選択」をしているのですから信頼して任せましょう。

相手に勝手な期待を押しつけたりせず、相手を信頼して任せることで、感謝する機会も増えてくるはずです。そのときは、素直に感謝の気持ちを伝えること。

妻のことを信頼しない夫のことを信頼しようと思う妻はまずいません。相手を無条件に信頼することが、相手の自分に対する信頼を取り戻し、信頼関係を修復することにつながります。信頼のスイッチは相手の言動によるのではなく、自分が持っています。

▼習慣6　受容する

「受容」とは、相手の言葉や感情などを自分の価値観で批判したり評価したりせず、ありのままを受け止めることです。受容には二段階あります。

ファーストステップとして、**自分の考えはいったん横に置き、相手からどんなことを伝えられても拒否せず、いったん受け止めることが重要です。**セカンドステップは、**受け入れるかどうかは選択していい。**

これは、相手のすべてに同意をするということではありません。仮に価値観が大きく異なっていても、その違いを乗り越えて相手のことを認め、相手に寄り添い、関係性をつくっていくことです。自分の考えを通すのでなく、関係性を優先することです。

受容とは、相手との価値観・好み・言動の違いを受け入れること
――「よい人間関係を築くためのお手伝いカレンダー」より

▼習慣7　意見の違いを交渉する

相手との違いを感じたときに、その違いを認め、そのまま受け止めることが大切だといいました。ですが、それは、相手に自分を100パーセント合わさないといけないということではありません。どちらか一方が我慢している関係は長つづきしません。

人にはそれぞれ譲《ゆず》れない一線というのがあります。そういう自分にとっては大事なことで相手と意見や好みがバッティングをしてしまったときには、その違いを話し合って調整することも夫婦が暮らしていくうえで必要なことです。

そのとき大切なポイントは、「僕はこう思う」「僕はこうしたい」と自分の欲求だけを伝え

ないで、パートナーの願いも聞くことです。

自分の考えや要望を伝えるときは、たとえば「僕はこう思うけど、きみはどう?」「僕はこれだけはこうしたいんだけど、どうかな?」と相手の願望を聞くことで伝えます。決定権は原則には相互にあります。しかし、DVの場合は、命に関わらないことは妻に寄り添うように、と伝えています。

もしも相手が自身の欲求をおさえ、こちらの欲求充足に協力してくれたとしたら、それはとても「ありがたい(有り難い)」ことです。そう考えれば、おのずと相手に対する感謝の気持ちも生まれてくるでしょう。

このように、お互いの関係のなかで、相手への感謝の気持ちを忘れずに、「これはいいのか、これはダメなのか」とお互いを思いやりながら落としどころを見つけていくことで、自然に二人のやり方というものができてきます。

たとえば、A案(夫)、B案(妻)のどちらにも決められないときには、AでもBでもないけれどお互いが歩み寄って両者ともに納得できるC案が出てくるようになる。そうなれると夫婦の関係はとても居心地のいいものになるでしょう。

正論をいうとき、逃げ道をつくってあげること

――「よい人間関係を築くためのお手伝いカレンダー」より

いちばん身につけたい習慣は「傾聴」

これら「関係をよくする身につけたい７つの習慣」のすべてを身につけることができればもちろんすばらしいのですが、加害者はこれまで正反対の「関係を破壊する致命的な７つの習慣」を日常的に使っていたわけですから、いきなりすべてを心がけるのは難しいかもしれません。

そういう加害者の方には、「７つの中でもとくに重要なのは『傾聴』です。まずはこれを身につけてみてください」とおすすめしています。

ちなみに、**うまく傾聴するポイントは、話をさえぎらないことと、あいづちを打つときに「ダ行」を使わず「サ行」を使うことです。**この２つを守るだけでも、相手に与える印象は大きく変わります。

【ダ行のあいづち】
・ダメだ！
・だから？
・でもさー
・どうせ

⬇

【サ行のあいづち】
・そうなんだね
・さすが
・そのとおり
・知らなかった
・すばらしい！
・それで？

「サ行のあいづち」の中でも、**とくに有効なのが「そうなんだね」**です。このひとことが、ある夫婦の危機を救ったエピソードをご紹介します。

5年前のあるカップル面談でのことです。

面談の初めに、まず夫婦でそれまでのいきさつを話し合ってもらったのですが、妻が「あなたは、あのときこういうことをいったわよね」といえば、夫は「そんなの妄想《もうそう》だ。お前が勝手に思っているのだろう。俺はそんなことといったためしがない」といい返し、それに対して妻は「なんてひどいことを。覚えてないの！」と責める……という感じで、ずっと平行線の状態。

これが20分ほどつづいたところで、私は夫に対して「この平行線をつなぐ言葉を入れてみましょう」と提案をしました。それが「そうなんだね」という言葉です。

夫は私の助言にしたがい、隣に並んで座っている妻が次に発言したときに、妻のほうを向き、目を見ながら、「そうなんだね」といいました。

すると、妻が号泣《ごうきゅう》しはじめたのです。

私は少し驚き、「どうしたのですか」と妻にたずねると、彼女は「初めて夫から人間として扱われました」と答えます。

「どういうことですか」と重ねてたずねると、こういったのです。

「これまでうちの夫は、私が話しかけてもいつもテレビのほうを向いたまま。だから、私はいつも夫の横顔にばかり話しかけてきました。夫は私のほうを見向きもしないため、顔はおろか、目なんて見てもらったことがありません。返事だっていつも『ああ、それがどうした』という生返事《なまへんじ》だけ。私はまるで虫けらのように扱われてきたのです。

でも、今日みたいに顔を見て、目を見て、『そうなんだね』と受け止めてもらえるのなら、私はこの結婚、やっていけます」

あとで聞くと、妻は「今日うまくいかなかったら離婚する」とかたく決心をしてカップル面談に臨《のぞ》んでいたのだそうです。

私はこの話をすると、いまだに涙ぐんでしまいます。相手を見もしないということは、相手の存在を認めていないに等しいことです。それに対して、傾聴することが、いかにその人の存在そのもの、つまりひとりの人の命を受け止める行為であるかということが、よくわかるエピソードだと思います。

この夫のようにDV加害者は、本当に相手の話を聞いていません。

たとえば、妻が「隣の奥さんとケンカしちゃってね」というと、「じゃあ、付き合わなければいい」と結論だけをすぐに持ってくる。どうしてケンカすることになったのかなど、話の過程をほとんど聞いていないため、どんなに妻がつらい思いをしているのか、悩んで苦しんでいるのか、などという共感は一切できません。「夫にはわかってほしい」と思って話した妻の気持ちとは、まさに平行線の状態です。

気持ちの平行線状態がつづけば、やがて離婚にいたります。

平行線で離れたままの夫婦の気持ちをつなぐのが「傾聴」なのです。

じつは、「傾聴」が重要なのには、もうひとつの理由があります。それは、「傾聴」が「関係をよくする身につけたい７つの習慣」のうちほかの６つの基盤となるものだからです。

なぜなら、相手の話を聞いて相手の願望を知らなければ、相手を「支援する」ことも、「励ます」ことも、「尊敬する」ことも、「信頼する」ことも、「受容する」ことも、「意見の違いを交渉する」こともできません。

「関係をよくする身につけたい７つの習慣」は、「傾聴」あってこそ、なのです。

だからこそ、加害者の方には真っ先に傾聴を身につけるべきだということを、くり返し、くり返しお伝えします。

加害者には**「会話の目的は相手の願望を知ることであり、自分の意見を通すことではない」**ということもお伝えします。

更正プログラムのグループワークでは、しばしばテーマと役割とを決めロールプレイをしながら傾聴を訓練しています。その結果、このご夫婦のように、加害者が傾聴できるようになったことで、どれほど多くの別居家族が再び同居できるようになったか、本当に枚挙《まいきょ》にいとまがありません。

いま現在、傾聴を身につけることを目標に努力をしているある加害者の様子を紹介します。

事例 「傾聴」の難しさを妻から教わっている

先週のグループワークで「家内にはステップで何をしているかという話は一切していません」というお話をしたところ、「少し話をされてみてはどうでしょうか」というアドバイスをいただいたので、妻を食事に誘ってみました。

以前は誘ってもまったく応じてくれず、家にいてもほとんど口をきかない状態だったのですが、最近、誘うと来てくれるようになったんです。自分は今年の目標を「傾聴」一本に絞《しぼ》ってやっているので、それが功を奏したのかなと、ちょっとうれしく思っていました。

ところが、食事をしながら「いま、人の話を傾聴するということを教えてもらっているんだよ」と妻に伝えたところ、「そうよ！　あなたはまったく人の話を聞かないし、理解しようとしない。人の話を途中でさえぎっておいてなにをしゃべり出すかと思ったら、それまでとはまったく関係ない自分の話をはじめる。人がまだしゃべっているのに、それを無視して自分の話題に持っていこうとするあなたとは、もう二度と話すもんかと思う。それが何年も、何年も、積み上がって、私たちはただの同居人になってしまったのよ。今日だってそうじゃない」とひどく怒られてしまいました。

それで思い返してみると、このところ一緒に食事に出かけるようになってはいたけれど、向かい合って座っていてもただご飯を食べていただけだな、趣味の話や世間で起きていることについての情報交換ぐらいはしたように思うけど、心の中でこう思っているとかそういう深い話というのは一切なかったな、ということに気がつきました。

自分では頑張って傾聴しているつもりだったのでショックでしたが、まだまだ全然足りないということを実感させられました。

いまこうしてあらためて振り返ってみて、「あなたの悪いところは話を聞かないところよ」という妻の言葉は、本当は「会話のキャッチボールをしたい」という妻の願望だったのではないかという気がします。少なくとも、僕はいま、妻がそう望んでいるというふうに認識しました。だから、今後は妻の願いが叶うようにやっていきたいなとあらためて思います。そういうあらたな目標が見つかった1週間でした。

この方のように、それまで「人の話を聞かない」できた人が「傾聴」を身につけることは、たやすいことではないかもしれません。

ですが、**7つの習慣のうちこれひとつをできるようになるだけでも、夫婦関係は確実に変わります。**あきらめずに相手の話に耳を傾けつづけてください。

心の通い合う会話をするときに必要なこと
関心を持つ、目を見て話す、傾聴、共感、励ます
――「よい人間関係を築くためのお手伝いカレンダー」より

自分を変えて、やりなおせる

加害者がそれまで当たり前に使っていた「関係を破壊する致命的な7つの習慣」すなわち外的コントロールを手放し、誰に対しても「関係をよくする身につけたい7つの習慣」すなわち内的コントロールで関わることができるようになると、夫婦関係だけでなくいろいろな人間関係が好転します。

「関係をよくする身につけたい7つの習慣」は、いずれも相手の欲求に配慮した関わりですから、相手の「上質世界」に自分を入れてもらえる可能性が高くなるのです。

相手の上質世界に入れてもらえるということは、相手にとってあなたが大事な存在になるということ。そうなれば、今度は相手の中に「大切な人（すなわちあなた）の望みを叶えてあげたい」という気持ちが自然に生まれてきます。

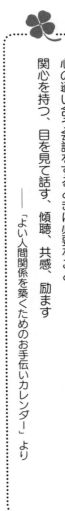

「関係をよくする身につけたい７つの習慣」という自分自身の内的コントロールの行動によって、このように、相手の内的コントロールに変化をもたらすこともあるのです。

自分が変えることができるのは自分と未来。

選択理論は、「私たちはどのような人生を生きるかをみずから選ぶことができる」ということを示してくれます。

ステップで加害者更生プログラムを受講される方は、みなさん「ここは人生の学校だ」といいます。「ここに通うことは不名誉なことであるが、ここで学ぶことは名誉なことだ」と。

先日もすべてのプログラムを受け終え、ステップを終了した60代の男性がこのように語ってくれました。

「僕はここに来て豊かな人生を得ました。自分の生き方が豊かになったから、家庭でもいい関係を築けるようになったし、職場でもいい人間関係をつくれるようになった。逆境のときにもそれを乗り越える秘訣を得たと感じています」

ステップを終了しても人生はつづきます。

その人生を豊かなものにするには、「関係をよくする身につけたい7つの習慣」など学んだことを継続しておこなっていくこと。

あなたとあなたの大切な人のために、もっともっと人生を豊かにしてください。

DV加害者も被害者も変われます。やりなおしができます。人間ってすばらしいですね。

■参考資料

『グラッサー博士の選択理論——幸せな人間関係を築くために』（ウィリアム・グラッサー著、柿谷正期訳、アチーブメント出版刊）
『15人が選んだ幸せの道——選択理論と現実療法の実際』（ウィリアム・グラッサー著、柿谷正期・柿谷寿美江訳、アチーブメント出版刊）
『テイクチャージ 選択理論で人生の舵を取る』（ウィリアム・グラッサー著、柿谷正期監訳、アチーブメント出版刊）
『幸せを育む素敵な人間関係』（柿谷寿美江著、クオリティ・コミュニティをめざす会）
「ＤＶ加害者だった52歳夫を変えた強烈な『自覚』——耐えかねた41歳妻が被害者になり気づかせた」（Frontline Press／ニシブマリエ著、２０２０年９月29日付東洋経済オンライン）
「暴力の自覚がない？ ＤＶを経験した夫婦に聞く」（２０２０年７月６日放送「ABEMA Prime」ABEMA NEWS）

著者略歴

ＮＰＯ法人女性・人権支援センター ステップ理事長。日本選択理論心理学会会員。

１９４６年、旧満州に生まれる。１９６９年、共立女子大学英文科卒業。２００１年、神奈川県にＤＶ被害者保護シェルターを開設し、保護活動をはじめる。２００７年、ＮＰＯ法人ステップ理事長に就任。２０１１年から、アメリカの心理学「選択理論」を用いたＤＶ加害者更生プログラムをおこなう。１年間52回のプログラム受講により、加害者はＤＶ思考から解放される。これまで全国約８００人の受講者のうち約８割がＤＶを克服し、家族関係を修復している。加害者との対話を重ねながら、怒りを生み出さない実践的な方法を全国各地で講演している。

https://www.npo-step.org/

DV《ディーブイ》はなおせる！

——加害者《かがいしゃ》・被害者《ひがいしゃ》は変《か》われる

二〇二一年九月一〇日　第一刷発行

二〇二四年六月一八日　第二刷発行

著者　栗原《くりはら》加《か》代《よ》美《み》

発行者　古屋信吾

発行所　株式会社さくら舎　http://www.sakurasha.com

東京都千代田区富士見一 - 二 - 一一　〒一〇二 - 〇〇七一

電話　営業　〇三 - 五二一一 - 六五三三　ＦＡＸ　〇三 - 五二一一 - 六四八一

編集　〇三 - 五二一一 - 六四八〇　振替　〇〇一九〇 - 八 - 四〇二〇六〇

装丁　石間　淳

写真　アフロ

本文図版　朝日メディアインターナショナル株式会社

印刷・製本　中央精版印刷株式会社

ISBN978-4-86581-310-4

さくら舎の好評既刊

西田公昭

なぜ、人は操られ支配されるのか

いじめ、悪徳商法、カルト、尼崎事件……人の心は脆く、善悪は簡単にひっくり返る。心理学者が明かす、心を支配するテクニックと対処法！

1500円（＋税）

定価は変更することがあります。